銭湯の番台が心がけている

常連さんが増える会話のコツ

浅草「日の出湯」４代目

田村祐一

プレジデント社

はじめに

銭湯の4代目に生まれて身についた、お客さまとの接し方

僕は銭湯の4代目として、1980年に生まれました。現在は東京都台東区元浅草にある「日の出湯」を経営しています。

銭湯には幅広い年代のお客さまがいらっしゃいますが、中心となるのはご年配の方々です。

こうしたお客さまは、入浴するためだけが目的で、銭湯にいらっしゃっているとは限りません。顔なじみのお客さまとの会話や、店員との何気ない挨拶を楽しみに通ってくださる方も少なからずおられます。

銭湯の4代目として生まれた僕にとって、ご年配のお客さまとの接し方は、とても大切なことでした。いざ番台に座るようになってからも、お客さまから信頼を得るために、試行錯誤を続けてきました。

その姿勢を評価していただけたのか、僕が経営に携わってから半年で、来店者数が5割増え、売り上げも2倍になりました。

日の出湯のお客さまが少しずつ増えてきたのは、毎日の挨拶や会話を通じて、お客さまの信頼を得られたからだと思っています。

ご年配のお客さまに直接、接客態度をほめられたことも少なくありません。

ただし、僕は特別なことはしていません。お客さまがご年配であるこ

とを念頭に置いて、ちょっとした工夫を積み重ねただけです。

これらの工夫をわかりやすくまとめたのが、手にとっていただいたこの本です。

この本を最後まで読んでいただいて、ヒントが得られれば、あなたも「ご年配のお客さまに愛される」接し方を心がけられるようになるはずです。

価格競争はNG。設備投資は不可能。
残った勝負どころは…

「元浅草の日の出湯を、廃業しようと思う」

父親からそう告げられたのは、2012年3月のことです。

元浅草にある日の出湯は、江戸時代の終わりから営業していたとも言われています。この由緒ある銭湯を、曾祖母が1939年に買い取ったことから、田村家の銭湯経営の歴史が始まりました。

1955年に2店舗目として、大田区の西蒲田で「第二日の出湯」を開業しました。僕はこの第二日の出湯で生まれ育っています。

幼いころ、同居していた祖父母は事あるごとに、「お前はお湯屋を継ぐのかい?」と聞いてきました。お湯屋というのは、銭湯の別の呼び名です。

僕は迷う様子もなく「うん、やるよ」と即答していたそうです。僕にとっては銭湯が人生を捧げる職場になると、すでにわかっていたのかもしれません。大学を卒業してからは、第二日の出湯で銭湯経営の修業をしていました。

日々の仕事と並行して、少しでも銭湯が元気を取り戻すように、さまざまな活動もしてきました。

銭湯の楽しさを知ってもらう「銭湯部」という活動を始め、銭湯を舞台にしたイベントを開き、テレビや雑誌で取り上げてもらったこともあります。

そのような努力をしていただけに、代々受け継いできた日の出湯の廃業を、受け入れることができませんでした。

ほかに選択肢はないと思いました。僕は、父親に宣言していました。

「廃業するくらいなら、僕が立て直す！」

こうして2012年5月、妻とともに元浅草に移り住みました。明確な戦略があったわけではありません。熱意が先走っての行動です。

確かに当時の日の出湯は、厳しい状態にありました。足繁くお客さまが通ってくださる西蒲田の第二日の出湯とは異なり、赤字経営が続いていたのです。

さらに言えば、近年はほとんどの銭湯が、経営不振にあえいでいます。半世紀近く前の１９６８年、東京には２６８７軒の銭湯がありました。それが２０１４年９月には、わずか６７０軒にまで減少しています。

ここ数年は毎週１軒ずつ、銭湯が消えているとも言われています。２０１１年３月11日の東日本大震災からしばらくの間は、地震でできたひび割れなどの補修をあきらめて、廃業を決意する銭湯が特に増えました。

日の出湯のすぐ近くには、東京都内でもトップクラスの集客数を誇る有名銭湯や、近隣では珍しい天然温泉が売りの銭湯もあります。

いずれも銭湯好きだったら、知らない人はいないほどの人気店です。

有名店に移っていったお客さまは、ただ待っているだけでは戻ってきません。どこかで特徴を出すことが必要です。

ところが、この他店と差別化することが、銭湯業界ではきわめて難しいのです。

ご存じかもしれませんが、銭湯の入浴料は条例によって決められています。すべての銭湯が同一価格で、店の裁量で変更はできないのです。他店より価格を低く設定して、お客さまを呼ぶわけにはいきません。

それに、日の出湯は老朽化が進んだため、2000年にビル型の店舗に建て直していました。ビルの1階と2階が銭湯で、3階から上がマンションという設計です。

建て替え当時は「前の銭湯よりはオシャレで機能的」にはなりました

が、外見からは銭湯らしさがなくなってしまいました。銭湯と気づいてもらえないこともあります。また、建て替えたものの、スーパー銭湯などに備えつけてあるような、最新の設備もありません。

建て直して十数年しかたっていませんから、新たな設備投資は予算的にも不可能。たとえ予算を確保できたとしても、限られたスペースに銭湯をつくっており、設備を増やすことができないのです。

価格競争は不可能。
設備投資もきわめて難しい。
すぐ近くには強力な競合店がある。

このような三重苦を、日の出湯は抱えていました。僕も現実に直面して、正直なところ、打つ手がないように思えました。

がんじがらめの状況下で、個性を出すために唯一できること。
それが店員の接客態度であり、お客さまとの日々の会話だったのです。

ご年配のお客さまに愛されるキーワード、「感じがいい」

接客態度を重視するという方針は、最初から決まっていたわけではありません。経営が上向いてきたときに振り返って、あとからそのことを実感したのです。

西蒲田の第二日の出湯で働いている当時、僕はお客さまの前に出るよりも、裏での仕事がメインでした。薪で風呂を沸かすことや、閉店後の掃除など……。実は接客を意識する機会が、ほとんどありませんでした。それが元浅草に来てからは、経営の中心的役割を担うことになりました。

必然的に番台に座り、お客さまと日々、話をするようになったのです。

当時の僕が意識していたのは、お客さまに心地よくなってもらうことでした。

銭湯は安らぎの空間です。お客さまは風呂に入ることで、心と身体をリラックスさせて、心地よく帰宅したいはずです。

このご希望を満たすことだけを考えて、当時の僕は接客をしました。妻も番台に座ることがありますが、同じ気持ちだったと思います。

やがて少しずつ、お客さまの数が増えてきました。かつては1日に80人ほどの来客だったのが、140人を超える日も出てきたのです。

大幅なてこ入れもしていないのに、売り上げがアップしたわけです。

お客さまが増えるにつれて、おほめの言葉をいただく機会も増えました。特にご年配のお客さまが、次のように評価してくださったのです。

「あなた、感じがいいわねえ」

当初はこのように言われたとき、ただうれしく思うだけでした。

しかし、**何度もおほめいただくうちに、この「感じがいい」という言葉こそ、ご年配のお客さまとの接客のキーワードに思えてきたのです。**

ご年配のお客さまは、価格や設備や商品力だけで、店を選ぶわけではないと思います。もっと重要な要素があるはずです。

それが店員の接客態度であり、店の感じのよさではないでしょうか。

僕の祖母も飲食店などで、店員の行動や店の雰囲気に好感を持つと、「ここのお店は感じがいいわねえ」とリピーターになっていました。

僕たちが目指すべきは、「感じがいい」と言われる接客なのです。

あるお客さまは、「別の銭湯で、番台のおにいさんの感じがいいって噂を聞いて、日の出湯さんに来てみることにしたのよ」と言ってくださいました。

昔ながらの口コミで評判が広がることも、ご年配のお客さまの特徴だと思います。

お客さまが心地よくなる接客を続けていれば、噂は徐々に広がっていき、新たなお客さまがいらっしゃるようになるわけです。

逆に言えば、どれだけ素晴らしい商品・サービスを提供していても、会話が続かなかったり、その店の感じが悪かったら、悪い評判が流れてしまうでしょう。

昨今では核家族化が進み、祖父母と別々に暮らす人が増えています。

このような環境で生まれ育つと、ご年配の方と話をする機会が限られます。ご年配の方との接し方が、自然と身につかないわけですね。

ひょっとしたらあなたも、その一人ではありませんか？

だとしても、心配はいりません。

ご年配のお客さまは、やさしい方が多いのです。いくつかのコツを知っているだけで、あなたのファンになってくださるでしょう。いざファンになってくれたら、何年も応援し、贔屓にしてくださいます。ご年配のお客さまの信頼は、一生ものなのですから。

本書では、僕が番台でお客さまと話しながら、失敗したり学んできたことを、実際に起きたエピソードを交えながらまとめました。

この本がきっかけとなって、あなたが「感じがいい」とほめられたり、お客さまとの会話がとぎれないようになれば、これ以上幸せなことはありません。

ぜひともこの本で、ご年配のお客さまに愛されるヒントをつかんでください。

目次

第2章
「ご年配のお客さまに好まれる話題」の見つけ方

第3章

「聞き方」を変えれば、もっと信頼される

第4章

ご年配の方に、声をかけるときに気をつけること

第5章 お客さまの様子を見ながら、ふさわしい接し方を

第6章 相手の立場になって考えて、さらに愛される

第1章

出会った瞬間、心が温まるような挨拶を

挨拶から自然とつながる「プラスアルファの一言」を、会話の入り口に

お客さまの来店時にする挨拶は、「いらっしゃいませ！」が主流です。

僕も日の出湯を任された当初、この言葉ばかりを使っていました。

しかし、この「いらっしゃいませ！」という挨拶のあとに、お客さまが何かを返してくださる場面は、たまにしかありませんでした。挨拶だけで終わってしまい、なかなか会話へとつながらないのです。

あるとき、僕は近くの喫茶店に出かけました。その喫茶店では、すべてのお客さまに次のように、同じ挨拶をしていました。

「いらっしゃいませ！　こんにちは！」

これに対して常連ふうのお客さまが、自然に「こんにちは」と返していました。挨拶をきっかけに、ちょっとした会話が始まりました。**プラスアルファの一言を加えるだけで、お客さまの反応が違ったわけです。**

それ以降、僕はお客さまに挨拶をするとき、「こんにちは！」「こんばんは！」とつけ加えるようにしました。これだけで、言葉を返してくれるお客さまは、以前よりも確実に増えました。

やがてはお客さまのほうから、「こんにちは」「こんばんは」と、口にしてくださるようになったのです。

挨拶は会話の入り口ですから、自然と世間話も増えました。

挨拶だけでなく、軽い雑談をしながらサービスについて知りたいお客さまは、決して少なくありません。

こうしたお客さまは、店員に話しかけられるチャンスを待っています。だからこそ、プラスアルファの一言が、会話の入り口になるのです。

会話を望んでいないお客さまでも、「こんにちは！」「こんばんは！」とつけ足すくらいなら、嫌な顔はされないでしょう。

僕は最近、顔見知りのお客さまには、さらに言葉を足すように心がけています。

冷え込んだ夜であれば、このような挨拶になりますね。

「いらっしゃいませ！　こんばんは！　なんだか、寒くなってきましたねえ？」

肌寒くなってきたことをたずねることで、より積極的に会話へと導いているのです。

ここで注意してほしいのは、「いらっしゃいませ！　なんだか、寒くなってきましたねえ？」とは続けないことです。

すぐに質問を続けてしまうと、身構えてしまうお客さまは少なくありません。返事を強要されているようにも感じるのでしょう。

これが間に「こんばんは！」を入れると、お客さまの警戒がほぐれます。そこで少し間を空けて、「なんだか、寒くなってきましたねえ？」と続けるから、自然と会話につながりやすいようです。

たった一言を加えるだけで、話しやすさが変わるわけですね。

いくらていねいでも、無味乾燥なマニュアル口調は逆効果

繁華街でも、地方でも、買い物に出かけると、まったく笑顔がなかったり、目を合わせてくれない店員さんも珍しくありません。

言葉遣いがていねいであるだけに、なおさら心がこもっていないように感じられます。「お店のマニュアルに書かれているとおりに挨拶はしますけど、書いてないことまでは知りません」といった印象なのです。

僕も接客業をしているため、このような対応には違和感をおぼえます。

そんななか、日の出湯の近くにあるコンビニに、マニュアルを超えた接客をしてくれる店員さんがいました。

お客さまが来るたびにしっかりと顔を向けて、とびきりの笑顔で「いらっしゃいませ！」と挨拶をするのです。

動きもきびきびしていますし、商品についてたずねれば、レジを飛び出して棚まで案内してくれます。商品説明もお手のものです。**何より印象に残っているのが、その店員さんが楽しそうに働いている姿です。**

あるとき、僕がこのコンビニに出かけると、店員さんとご年配のお客さまが、何事か話していました。

よく見るとご年配のお客さまは、日の出湯のご常連でもありました。

すでに90歳を超えているのですが、孫どころかひ孫ほども年齢の離れた店員さんと、楽しそうに話す姿が印象的でした。

無味無臭のマニュアル対応を好む人もいると思います。挨拶なども適当に済ませて、買い物や食事に専念したい。さっさと用事を済ませて、帰りたい……。そのようなニーズもあることは、僕だってよくわかっています。

しかし、町の小さな店を訪れるお客さまは、そのようには考えていないはずです。**町の小さな店にやって来る時点で、マニュアルを超えた何かを期待しているはずです。**

その気持ちに応えようとするだけで、よりよい接し方になるはずです。

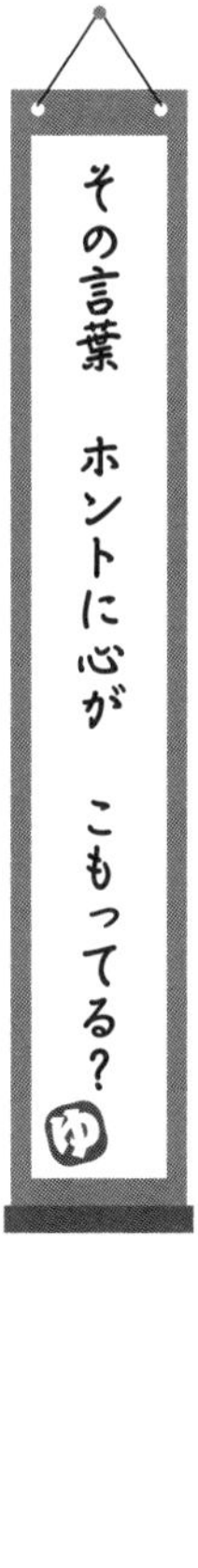

お客さまが気づかなくても、挨拶は必ず笑顔で！

店によってはかしこまった顔で、来店時の挨拶を口にします。特に高級な店では、そうした傾向が強いようです。

かしこまった顔での挨拶が、悪いこととは思いません。店が目指しているイメージによっては、そのほうがふさわしいケースもあるはずですから。

しかし、僕はかしこまった挨拶をされると、どうしても身構えてしま

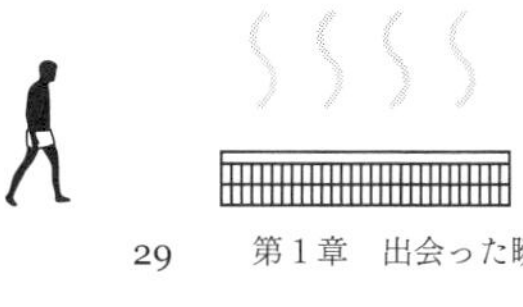

います。遠ざけられているような気がして、店に居づらくなってしまうのです。少なくとも、庶民的な店を目指すのなら、挨拶は笑顔とセットにするべきです。

日の出湯のご常連で、いつも不機嫌そうなお客さまがいました。入浴券も手渡すというより、ポイっと投げていく感じです。

僕や妻が笑顔で挨拶しても、まったくの無反応。「何か不快な思いをさせてしまったのかなあ……」と、夫婦で頭を悩ましたものです。

もちろん、お客さまが仏頂面だからといって、店側が対応を変えなければいけないということはありません。僕たちは、笑顔で挨拶を続けました。

そうやって3カ月くらい過ぎたころです。いつも投げるようにして置いていた入浴券を、そのお客さまが手渡ししてくださいました。表情には出しませんでしたが、僕はうれしくてたまりませんでした。妻に「あのお客さまが入浴券を手渡ししてくれた！」と報告したくらいです。

その日を境に、お客さまの態度は変わっていきました。

僕や妻が「ありがとうございました。おやすみなさい」とお見送りの挨拶をすると、ボソッとではあるものの、「おやすみ」と返してくれるようになったのです。

さらに何週間かすると、声がハッキリしてきました。言葉も「どうも」や「ありがとう」とバリエーションが増えてきて、僕たちが声を出すより先に、笑顔で挨拶してくださる日も出てきたのです。

今ではパソコンの話をしたり、庭での園芸の話を聞かせていただいたりと、さまざまな話をさせていただいています。笑顔での接客を続けるうちに、お客さまとの距離が縮まっていったのです。

お客さまだって不機嫌な日や、話しかけられたくない日はあります。まだ店に慣れていらっしゃらない時期は、緊張していることもあるでしょう。

最初から親しげなお客さまのほうが、珍しいのではないでしょうか。

「他人は自分の心を映す鏡」とも言われます。無愛想な対応をしていると、相手も無愛想になりやすいのです。

この負の連鎖を断ち切るのは、お客さまではなくこちらの役目です。

そのためにも、せめて最初の挨拶は、笑顔で発するようにしてください。二度、三度とくり返すうちに、お客さまの気持ちもほぐれていくでしょう。

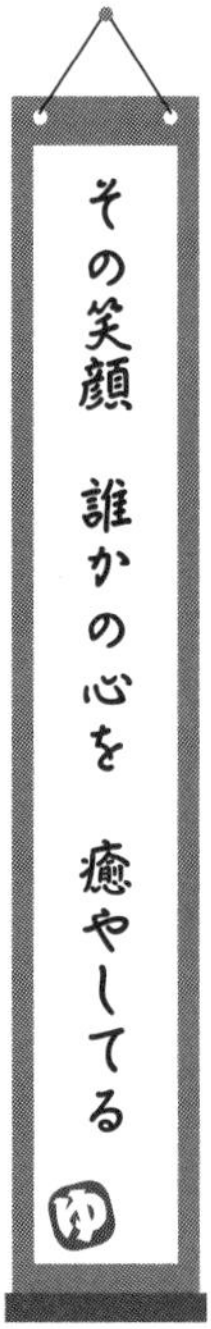

何か作業をしていても、来店されたときは視線を合わせる

お客さまが店にいらっしゃったとき、僕は必ず目を合わせて、しっかりと挨拶することにしています。

他のお客さまとの会話が盛り上がっていても、仕事が忙しいときであっても、このルールは絶対です。

というのも、こんな出来事があったからです。

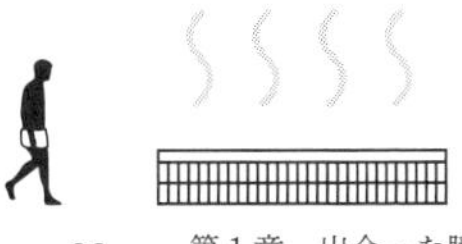

あるお客さまの接客中、別のお客さまがいらっしゃいました。

僕はちょうど、前のお客さまに釣り銭を渡すところでした。「１００
０円、２０００円、３０００円、４０００円……」と、金を数えていま
したから、いつものように声を出した挨拶をすることができません。

そこで、いらっしゃったお客さまと目を合わせ、軽く会釈をしました。
釣り銭を渡し終えてから、いつものように挨拶したのです。

するると、次のようにおほめいただきました。

「あなたは、いつも目配りができるのね。最近はお店に入っても無視さ
れたり、顔も向けずに挨拶するだけの店員さんが多いのに、感心だわ」

確かに買い物に入った店で、店員さんが別のお客さまと話していたり、
スタッフ同士の会話に盛り上がっていて、気がついてもらえないことが

あります。

あるいは、レジで会計を待っているのに、商品の補充などで忙しいのか、いつまでたっても来てくれないことがあります。

いずれも店の人に無視されたようで、寂しい気分になるものです。

あなたもそうした対応をされて、「もうこの店に来るのをやめようかな……」と思ったことが、一度や二度はあるのではないでしょうか。

お客さまがほんのわずかでも疎外感のようなものを覚えたら、店に来ることが楽しくなくなります。

店員に聞きたいことがあっても、「なんだか聞きづらいな」と尻込みして、店を出ていく場面もあるでしょう。

そうならないためにも、お客さまへの歓迎の気持ちを、来店時に伝えるのです。

店にいらしたときにまず、挨拶をすることで、「お客さまの存在に気がついていますよ」「ようこそおいでくださいました」と、端的に伝えることができます。

特にご年配のお客さまは、挨拶に重きを置いているように感じます。ご自身が小さい時分、挨拶を正しくするように親やまわりに教えられた経験からでしょうか。

先ほどのようにお釣りを数えていたり、電話中で声が出せないときは、会釈だけでも気持ちは伝わるものです。もちろん、お客さまのほうに顔と体を向け、目を合わせることは大切です。

少しくらいなら声を出せるときは、「少々お待ちください」と、申し訳のない気持ちを言葉にして伝えましょう。

きちんと接客できるようになってから、お客さまに向き直りますが、ここでも「お待たせして申し訳ありません」と気持ちを伝えます。

5秒でも10秒でも待たせてしまったら、そのことへのお詫びが必要です。これは挨拶に限らず、接客全般に通じるマナーです。

すごく小さなことかもしれませんが、小さなことの積み重ねが大切なのです。

「久しぶりの友人が訪れたような出迎え」を意識する

日の出湯の近くに、定食屋さんがあります。

定食屋さんのご一家は、うちの銭湯の常連さんでもあります。それこそ毎日のように、風呂に入りに来てくださいます。

僕がご飯を食べに行くと、この定食屋さんのご主人は、飛び切りの笑顔で出迎えてくれます。

昔からの友人と会って、心の底から喜んでいるような表情です。

「お！　日の出湯さん！」
僕にとって日の出湯は、自分の名前のようなものです。呼ばれると、自然と笑顔になります。このような出迎えをしてもらえるから、自然と足を運びたくなるのです。

この定食屋さんのように、**店員さんが自分の顔を覚えていてくれる店は、それだけでうれしくなるものです。**

常連とまではいかないまでも、ちょっとだけ特別な存在になれた気がします。この特別な気持ちを味わってもらうために、僕もお客さまを覚えていることを、言葉や表情で積極的に伝えます。

それこそ友人が訪ねてきてくれたような顔で、お出迎えをするわけですね。**過去に一度しかいらっしゃっていなくても、記憶に残っているのなら、覚えていることを伝えるべきだと思います。**

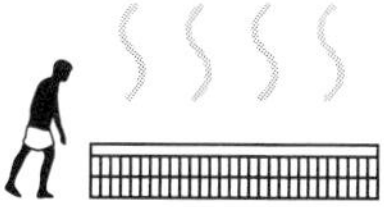

わざわざバスに乗って、風呂に入りに来られたご夫婦がいました。

ご夫婦が風呂を出たあとに、少しだけ話していたら、バスに乗ってきたことなどを話してくださったのです。

後日、再びこのご夫婦がいらっしゃったとき、僕はこのように挨拶しました。

「遠くからありがとうございます。今日もバスでいらしたんですか？」

僕が覚えていたことを、ご夫婦はとても喜んでくださいました。それからというもの、週2回はいらしてくださるようになったのです。

自分を歓迎してくれる店には、誰だって通いたくなるものです。

お客さまの暮らしをイメージして、挨拶をする

まだ実現には至っていませんが、僕はすべてのお客さまと、何らかの言葉を交わすことを目指しています。一言、二言でも話していれば、お客さまもホッとした気分になってお帰りいただけるはずですから。

それに**ご年配のお客さまは、ひとり暮らしの方も少なくありません。風呂から上がって帰宅してしまえば、話し相手がいない可能性だってあるのです。**

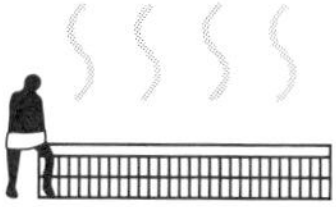

ある女性の常連のお客さまと、このようなやりとりがありました。
夏の夕方で、まだ明るい時間帯でした。

僕「ありがとうございました。お気をつけて」
お客さま「いいお風呂だったわ。おやすみなさい」
僕「おやすみなさいって、まだ明るいですよ」
お客さま「すぐには寝ないけど……。家に帰ってご飯食べたら、寝るだけだから」
僕「ひょっとして、おひとりでお住まいなんですか？」
お客さま「そうなのよ。あなたに『おやすみなさい』が言えて、よかったわ」

僕はそのとき、初めて知りました。この女性のお客さまは、家に帰ってしまえば、言葉を交わす相手がいないのだと。

家族と暮らしていれば当たり前の、「おやすみなさい」「ただいま」といった挨拶を、口にする相手が身近にいなかったのです。

それだけに、僕と言葉を交わすことを、喜んでいただけたのでした。


それ以来、**僕はお客さまの暮らしぶりを想像して、挨拶をするようになりました。**


帰宅後の生活まで考えることで、自然とお客さまに寄り添った挨拶ができるからです。結果、お客さまとの距離も縮まりました。

「だけど、想像した生活が違っていたら、どうするの？」

そのように思われるかもしれませんが、違っていてもいいのです。

暮らしをイメージすることで、気持ちがお客さまに寄り添うことが大

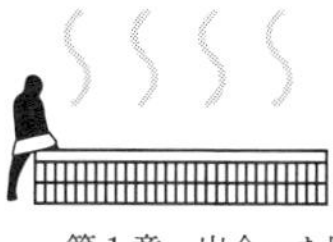

切なのですから。

たとえば、遅い時間帯に来られた男性のお客さまがいました。

このお客さまとの間に、次のようなやりとりがありました。

僕「ありがとうございました。おやすみなさい」

お客さま「ありがとう、おやすみ……と、言いたいところなんだけどね。実は急な仕事が入ってしまって、もうひと踏ん張りしないといけないんだ」

僕「そうだったのですか。大変ですね……。じゃあ、がんばってください！」

お客さま「ありがとう、がんばるよ」

後日、同じように遅い時間帯に、同じお客さまが来られました。

この日の帰り際には、次のような会話を交わしました。

僕「ありがとうございました。今日もお仕事ですか？」
お客さま「いや、今日はないんだ。帰って寝るだけだよ」
僕「それでは、今日はおやすみなさいですね」
お客さま「覚えていてくれたんだね。おやすみ」

このように、**イメージと現実が違っていても、次にお客さまがいらっしゃったときの会話につながることがよくあります。**

お客さまと言葉を交わしたいけれど、いざとなると何を話していいかわからない……。

そのようなときはぜひとも、お客さまの生活を想像してください。会話を広げるきっかけにも、お客さまについて知るきっかけにもなります。
僕は先ほどの男性のお客さまと、世間話を交わすような間柄になりました。

別れ際の挨拶も大切。姿が見えなくなるまで意識を向ける

僕は飲食店などを利用したとき、帰り際には「ごちそうさまでした」など、店員さんに挨拶をしてから出るようにしています。

声を出しづらいときでも、会釈をしてから帰ります。

ある寿司屋さんで会計を済ませて、カウンターの中にいる大将に「ごちそうさまでした」と声をかけて店を出ようとしたら、まったく反応がありませんでした。目すら合わせてくれないのです。

大将に嫌われるようなことをしてしまったのだろうか？
もう店に来てほしくないということだろうか？
いやいや、単に忙しくて、気がつかなかっただけかもしれない。
きっと、僕の声が小さくて聞こえなかったんだ。
でも、やっぱり……。

小心者の僕は、さまざまな想像をしてしまいます。
結局、その寿司屋さんには、二度と行かなくなったのです。

それからというもの、僕は日の出湯からお帰りになられるお客さまとの、別れ際の挨拶にも気をつけるようにしました。

別れ際の挨拶ひとつで、印象は１８０度変わるからです。

日の出湯からお帰りになるとき、お客さまは下駄箱から履きものを取り出して、出入り口で履かれます。

実際に店を出るまでに、わずかな間があるわけです。

僕は最初、帰ろうとするお客さまを見かけたら、すぐに玄関に出ていました。長く見送るほうが、喜ばれると思ったからです。

しかし、これがまったくの逆効果。「悪いから、出てこなくていいわよ」と、お客さまを恐縮させてしまいました。

履きものを履き終わる前からそばに立つことで、「早く履いて出ていけ」と、急かされてるように感じるお客さまもいらっしゃるようでした。

いずれにしても、玄関まで出ていってのお見送りは、やりすぎでした。

今は番台からは出ない代わりに、お客さまが見えなくなるまで、常に

意識を向けるようにしています。

履きものを履いてから振り返って、「お世話さま」「またね」などと声をかけてくれたり、会釈をしてくれるお客さまもいらっしゃいます。そのとき、店員がそっぽを向いていたら、いい気持ちはしないものです。

僕が寿司屋さんに行かなくなったように、「自分は客として歓迎されていないのかな……」と、日の出湯にいらっしゃらなくなるかもしれません。

そうならないように、最後までお客さまに意識を向けます。これならお客さまの挨拶に合わせて、こちらも挨拶できますから。

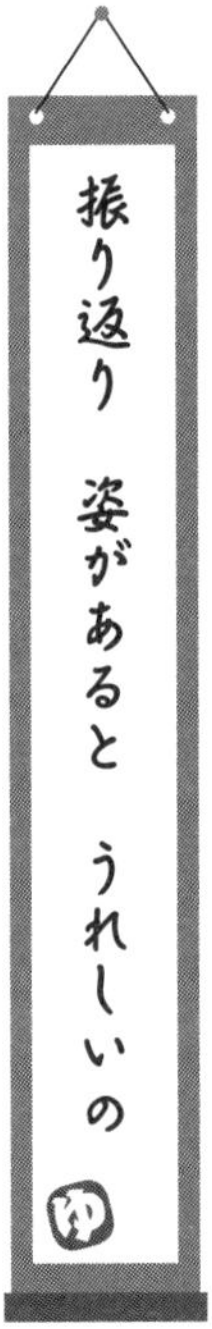

店の外でお会いしたときも、挨拶を

通りで信号待ちをしているとき、女性のお客さまをお見かけしました。頻繁に店に来てくださるお客さまでしたが、その前の数週間ほどはご無沙汰でした。それだけに、僕も声をおかけするべきか躊躇しました。とはいえ、町でお客さまを見かけたのに、知らぬふりをするのもおかしいことです。最後は思い切って、声をかけました。

「こんにちは！　お久しぶりです！　お元気でしたか？」

お客さまは最初、僕が誰だかおわかりにならなかったようです。それでも時間がたつと、気づいてくれました。

「あら、日の出湯のおにいさん。お久しぶりね、最近、行けなくてごめんなさいねえ。体調がすぐれなくて、自宅で療養してたのよ」

このお客さまは後日、日の出湯にいらしてくださいました。街角で僕と出会って、久しぶりに来る気になったそうです。

お客さまに「あのときはどこに行ってたの？」とたずねられて、スーパーに買い物に行く途中だったことを告げると、お客さまもよく行かれるというスーパーでした。しばらくの間、スーパー談議で盛り上がりました。店の外での出会いによって、お客さまとの絆が強まったのです。

店の外でお客さまをお見かけしても、声をかけるのは勇気がいります。常連さんに声をかけて、「誰だっけ？」と警戒されることもしばしばです。お客さまは店の中にいるから、店員と認識するのでしょう。

逆に、店の外でお客さまに声をかけられることは、めったにありません。お客さまはこちらを見ても、日の出湯の店員だとわからないのですから。


こちらから挨拶しなければ、出会ったことにならないのです。


お客さまがお気づきになっていないのですから、黙って立ち去るという選択肢もあります。しかし、ここで別の常連のお客さまが僕に気づいて、無視して立ち去る姿をご覧になったら、どう思うでしょう？

「お店では態度がいいけど、外ではずいぶん冷たい」

おそらくそのように思われて、悪いイメージをお持ちになるでしょう。場合によっては、悪評が広ることにもなりかねません。

地域密着型の店の場合、お客さまの大部分が、近隣に住んでおられます。休日や営業時間外であっても、店員が問題行動をしていたら、お客さまに見られる可能性があるわけです。

僕は、「仕事をしていない時間でも、店の看板を背負っている」という意識を持って日々の生活をしています。

街でお客さまを見かけたら、お客さまが急いでいるような場合を除いて、必ず声をかけるべきです。

「日の出湯ですよ！　いつも番台でお目にかかっている！」

このような自己紹介をすれば、すぐに思い出してもらえます。店の中ではしなかった、意外な話を聞けるかもしれません。

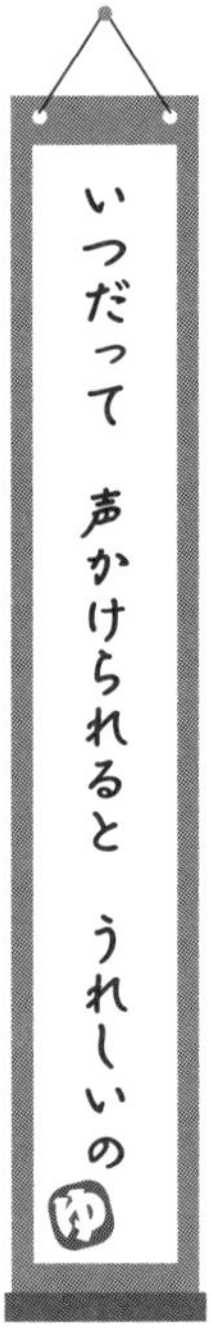

第2章

「ご年配のお客さまに好まれる話題」の見つけ方

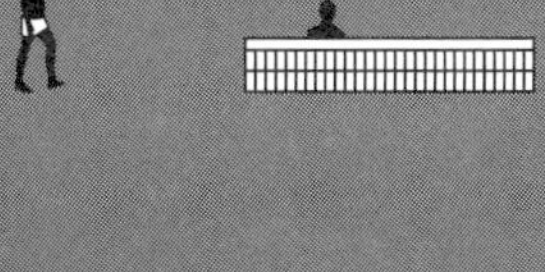

「天気」の話は効果大。気象庁と呼ばれるくらいの情報を

自分より年上の人と話をするとき、頭を悩ますのが話題です。

世代がほんの少し違うだけで、思い出や興味のある分野が異なってきます。

まして、自分の祖父母と同年代の方々と、どのような話をすればいいのか……。途方に暮れるかもしれません。

しかし、ご年配のお客さまだからこそ、受け入れられやすい話題もあ

ります。それらを少し知っているだけでも、スムーズに会話ができるはずです。

本章では、ご年配のお客さまに好まれる話題について、お話ししていきます。

ご年配のお客さまとの会話で、話題にしやすいのが「天気」です。ほとんどのお客さまが今日の天気、明日の天気を気にされています。

僕の経験上、ご年配のお客さまの主な情報源は、「新聞」「テレビ」「ラジオ」の3つです。天気なら新聞に書かれた天気予報や、ニュースで見聞きしたことが、情報の大半を占めているわけですね。

しかし、天気は刻一刻と変わっていくもの。朝の天気予報で晴れだったからといって、夕方まで同じ予報とは限りません。同じ東京都内の天気でも、新宿区と台東区で異なる場合もあります。

新聞やテレビの天気予報は、そうした細かな情報は流してくれません。ご年配のお客さまは、大雑把な予報しかご存じないわけです。

その点、**インターネットで流されている天気予報は、リアルタイムに近いものです。地域別・時間別の細かな予報までのっています。**

これらの情報を持っていると、お客さまに喜ばれ、会話のきっかけにもなります。

僕は普段、番台に置いてあるパソコンで、常に天気予報のサイトを開いています。

お客さまから天気についての質問を受けたら、すぐに最新の情報をお伝えするためです。たとえば、このような具合ですね。

お客さま「今日はなんだかどんより曇っているけど、雨が降るのかねえ。朝のニュースじゃ、いい天気だと言っていたんだけど……」
僕「ちょっと待ってくださいね。今の予報は……。曇りにはなっていますけど、雨の心配はないみたいですよ」
お客さま「そうか。じゃあ、ゆっくりお風呂に入れるな」
僕「はい！　ごゆっくりどうぞ！」

こうしたやりとりが続くうちに、僕はご年配のお客さまに、気象庁というあだ名をいただきました。冗談交じりではありますが、「明日の天気はどうだい、気象庁」などと話しかけられるのです。

気恥ずかしさもある半面、お客さまの側から話しかけてくださることは、とてもうれしいことです。

先日は「来週、大阪のほうに行くんだけど、天気はどうだい？」と、大阪の天気についても聞かれました。

夏場は特に、天気を気にされるお客さまが増えます。昨今は「ゲリラ豪雨」と呼ばれるように、突然の大雨もあるからでしょう。

実際、お風呂を上がったら土砂降りで、傘を持っていないお客さまが帰れないという事態は、年に2〜3回は起こります。

このような事態に対応するため、僕が活用しているサイトが、東京都下水道局が運営している「東京アメッシュ」です(http://tokyo-ame.jwa.or.jp/)。

このサイトでは、東京を中心とした関東近辺で、どこにどれくらいの雨が降っているのかひと目でわかります。お客さまがゲリラ豪雨で帰れないときにも、どれくらいで雨が上がるのか、めやすをお伝えできます。東京以外でも、こうした降雨状況などの情報を調べやすいサイトが増えてきているようなので、生活エリアの詳細な気象情報を伝えるサイトを、一度チェックしてみるといいのではないでしょうか。

お客さまとの会話では、「プロ野球」「政治」「宗教」の話題はタブーとよく言われます。

これらは興味を持っている人が多い半面、好き嫌いがハッキリと分かれる分野です。会話を飛び越えて、論争に発展する恐れがあります。

その点、**天気は誰もが知りたがっていて、主義主張とは無関係。過剰に賞賛されたり、否定されることもありません。**

天気の話題を入り口に、話はさまざまな方向に広がっていきます。ご年配のお客さまと話すきっかけとして、天気の話題は最適なのです。

「思い出話」に触れるときは、細心の注意が必要

天気と並んで当たり障りがなく、広がりやすい話題が「季節ねた」です。銭湯にはしょうぶ湯やゆず湯など、季節ごとの行事が数多くあります。それらを会話の入り口にすると、お客さまとスムーズに話しやすくなります。

お客さまも「最近のしょうぶは昔に比べて、香りがしなくなったわね」「最近はゆず茶なんてのも売ってるわよね」などと返してください

ます。

季節の情報はふだんから意識しておくと、会話がとぎれずにつながりやすくなります。

逆に、細心の注意が必要となるのが、お客さまの「思い出話」です。

お客さまによっては積極的に、自分の思い出話を語ってくださいます。

若いころの自分を思い出して、盛り上がるケースもあるでしょう。

その一方で、つらい思い出を持っているお客さまもいらっしゃいます。

ご年配のお客さまは、僕たちの何倍も生きています。僕たちにはとても想像できないような、つらい記憶をお持ちの方もおられます。

それを「過去のことだから」と笑って話せる方もいれば、なかなかわりきれない方もいるのです。

あるとき、90代の女性のお客さまと、昔の上野・浅草周辺の話になりました。
そのお客さまは戦前から、日の出湯の近くに住んでいるそうです。
お客さま「昔はお風呂屋さんもたくさんあったけれど、今はずいぶん少なくなっちゃったわねえ。ここは空襲で焼け残ったのよね？」
僕「ご存じなんですか」
お客さま「そりゃあ、知ってるわよ。空襲のときは一面焼け野原で、残っている建物なんてほとんどなかったんだから。あまりに何もないものだから、このあたりから浅草寺が丸見えだったんだもの」
僕「そんなに、すごかったんですか」
お客さま「あの空襲で無傷だったんだから、このお店は運がいいのよ。通り1本向こう側は、何も残ってなかったんだから」

このお客さまからはその後も、戦時中と戦後の話を、たくさん聞かせていただきました。僕にとっては貴重な体験です。勉強になると同時に、「また戦争を体験されたお客さまと出会ったら、もっと話を聞かせていただきたい」という思いを抱きました。

それからしばらくして、今度はご夫婦のお客さまがいらっしゃいました。

世間話をしているうちに、そのご夫婦が戦前からつい最近まで、日の出湯の近くで暮らしていらっしゃったことを知りました。

戦時中の体験談を聞きたかった僕は、お客さまにたずねてみました。

答えてくださったのは、主に旦那さまです。

僕「戦前からこのあたりにお住まいだとおっしゃいましたが、戦時中も疎開しないで、このあたりにいらっしゃったのですか？」

旦那さま「そうだよ。ずーっと、そこの町内にいたんだよ。家内もずっと同じ町内だったんだ」

僕「このあたりは空襲もあったと聞いてますが、大丈夫だったんですか？」

旦那さま「いや。うちのあたりは大晦日の空襲で、早々とやられちゃってねえ」

僕「そうだったんですか……」

旦那さま「年が明けて3月に、例の東京大空襲があっただろ。そのころはもう疎開して、田舎に行ってたんだけどな……」

そこで初めて、奥さまが口を挟まれました。

冷静に話されていた旦那さまとは異なり、表情が曇っていました。

奥さま「あなた、やめなさいよ、若い人に戦争の話なんて……。おにいさんだって、聞きたくないわよ」

旦那さま「いいじゃないか。おにいさんから聞いてきたんだぞ」

奥さま「そういう問題じゃないわよ！」

旦那さま「いや、でも……」

奥さま「やめなさいって！　迷惑よ！」

次第に2人の口調は激しくなり、ついには口論になってしまいました。

きっかけをつくった僕は、申し訳なさでいっぱいでした。

奥さまは「若い人に戦争の話なんて……」とおっしゃっていましたが、

実はご自身が戦争の話を聞きたくなかったのではないかと思います。

いずれにしても、僕の軽はずみな質問で、お客さまに不快な思いをさせてしまったのは確かです。

同じ戦争の記憶でも、抵抗なく語ってくださるお客さまもいらっしゃれば、語りたがらないお客さまもいらっしゃいます。他の記憶も同じです。思い出話には注意が必要なのです。

無理に話したくない思い出話を聞き出すようなことをして、つらい気持ちを思い出させるようなことは、絶対に避けたいものです。

スマートフォンやタブレットで、会話を掘り下げる

前項で「思い出話」にふれるときは、注意が必要なことをお伝えしました。とはいえ、**お客さまが積極的に語ってくださる思い出話なら、触れても問題はありません。それどころか、おつき合いしないほうが失礼です。**お客さまが「もっと聞いてよ」といったオーラを発しているのなら、話がふくらむように心がけましょう。

ここで活用したいのが、「パソコン」「スマートフォン」「タブレッ

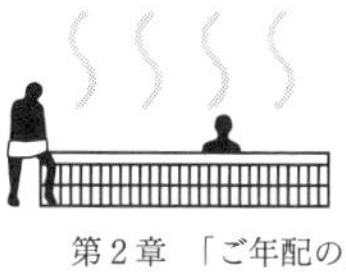

ト」などのＩＴ機器です。

これらをうまく使うことで、思い出話を掘り下げられます。

あるとき、90歳を超える常連のお客さまとお話しする機会がありました。ご年配のお客さまが多い日の出湯でも、おそらくは最高齢のお客さまです。

にもかかわらず、矍鑠《かくしゃく》としていて、若いころの記憶を鮮やかにお持ちでした。

お客さま「僕は若いころ、いろいろなところを旅してきたんだよ」

僕「いいですねえ。海外ですか？」

お客さま「海外も行ったねえ。もう30年くらい前かなあ。ヨーロッパを妻と一緒に回ったことがあるんだ。そのときにマッターホルンって山に行ったんだけど、あそこはとてもきれいだったねえ」
僕「マッターホルンって、スイスのですか？」
お客さま「うんうん、いいところだったよ」
僕「うらやましいですね。僕も一度、行ってみたいです」

そのとき、僕の手元にはｉＰａｄがありました。

Ｇｏｏｇｌｅの画像検索で、「マッターホルン」と検索してみます。すぐに美しい山々の画像がたくさん出てきます。それをお客さまにお見せすると、懐かしそうに微笑まれました。

お客さま「そうそう。こんな感じだったよ。懐かしいなあ……」

画像を見たお客さまは、さらに思い出を語ってくださいました。後日、マッターホルンに出かけたときのアルバムまで持ってきてくださったのです。


別のお客さまは、僕がｉＰａｄを触っているのを見ると、「それって、いろいろ調べられるんだろう？」と、懐から薬を取り出しました。

「これが何の薬か、調べちゃくれないか。前に医者からもらったのが出てきたんだけど、何の薬なのか忘れちまってってねえ……」

僕はすぐさま、錠剤の包みに書かれた薬の名前を調べて、お教えしました。

それ以来このお客さまは、何かわからないことがあると、僕に検索を頼むようになりました。自然とお話しする機会も増えました。最近はお客さまご自身で、タブレットの購入を考えているそうです。

天気予報の話でも触れましたが、**ご年配のお客さまは一般に、インターネットに慣れ親しんでいない方も少なくありません。インターネットにつながるパソコンやタブレットやスマートフォンにも、不慣れなことも多いのです。**

それだけにこれらの機器を使って、お客さまの知りたい情報を伝えると、とても喜んでいただけます。話も広がっていくのです。

あなたもパソコンやスマートフォンで、すぐに情報を集められるようにしてはいかがでしょうか。

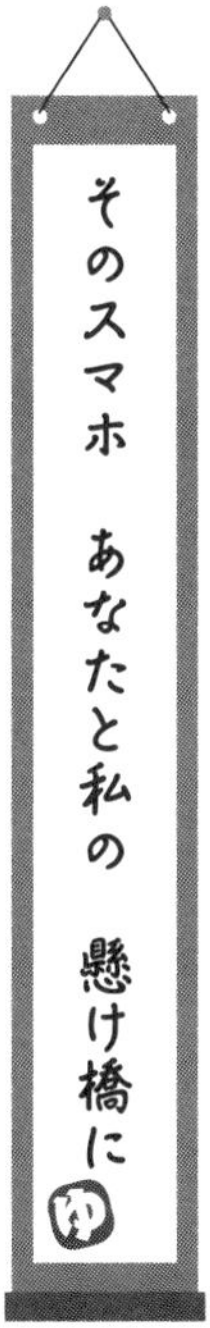

「スポーツ」が好きなお客さまのために、旬の話題をおさえておく

ご年配のお客さまには、「スポーツ」好きな方が少なくありません。
特に「オリンピック」や「サッカーのワールドカップ」など、期間限定の大きなイベントは、ほとんどのお客さまがご覧になっています。

深夜や早朝の時間帯の試合でも、早起きや夜ふかしをして観戦されているようです。

「サッカーのワールドカップを、ご年配の方が見ているの？」

そのように思われるかもしれませんが、ワールドカップは多くのお客さまがご覧になっています。日本戦はもちろん、それ以外の試合も注目度は高いようです。

２０１４年のブラジル大会の期間中も、「ネイマールはすごいねえ」などと言って、頻繁に話しかけられました。

僕のサッカーに関する知識は、お客さまの話についていくために、ニュースサイトなどで仕入れたものがほとんどです。

ご年配のお客さまと話すことで、盛り上がりやすいスポーツというと、「大相撲」を思い浮かべる人もいるでしょう。

僕の経験上、大相撲は好んでご覧になるお客さまと、ほとんど見ないお客さまとに分かれます。好き嫌いの顕著なスポーツなのですね。

見ていないお客さまの多くは、「昔は見ていたけれど、日本人力士が

弱くなってからは見ていない」とお答えになります。

裏を返せば、日本人力士の活躍には、まだ興味があるということです。日本人力士が活躍している場所だと、好まれやすい話題かもしれません。

長年、日本人に愛され続けてきたスポーツといえば、「プロ野球」もその一つ。ペナントレースの行く末が話題になる日も数多くあります。しかし、**プロ野球の話題というのは、扱いにくい面もあるのです。**先ほどもお伝えしましたが、「プロ野球」「政治」「宗教」は、営業や接客業では避けるべき話題だと言われていますからね。

特に困るのが、お客さまがどちらのファンかわからないまま、いきなり試合結果を聞かれてしまう場面です。

「今日の野球、勝った？」

お客さまがどちらのチームのファンかわかっていれば、それにふさわしい言い方もできるのですが、これでは話を合わせられません。結果を伝えることで、お客さまが喜ばれるのか、不機嫌になられるのかが読めないのです。

浅草という土地柄、どちらかといえば巨人ファンが多いのですが、その他のチームのファンも少なくありません。屋号に「虎」の字を使うほど熱烈な阪神ファンが経営するお店も、すぐ近くにあります。

僕はこうした場面で、どちらが勝ったとは言わないようにしています。まず最初に、結果だけを伝えるのです。

「今日は3対2です」

こう答えるとお客さまは、好きなチームを主語にしてさらに聞き返してきます。

巨人ファンなら「巨人が勝ったのか？」と確認してきますし、阪神フアンなら「阪神が勝ったのか？」と贔屓《ひいき》のチームの今日の結果について聞いてくるのです。

どちらのファンかがわかれば、こちらも言い方を変えられます。お客さまが好きなチームが勝ったときはうれしそうに伝え、負けていたときは残念そうに伝えればいいのです。

ご年配のお客さまの場合、「高校野球」も盛り上がりやすい話題です。プロ野球以上に関心が持たれているようにも感じます。

お客さまが高校野球をご覧になる理由は、「若い人が頑張っているから」といったことがあれば、「自分の出身地の高校を応援したい」といったこともあります。「プロ入り後に活躍しそうな選手を探している」といったお客さまもいらっしゃいました。

勝敗重視のプロ野球に比べて、観戦のポイントが多いわけですね。そのためか、お客さまの応援する高校が負けていても、話題にしやすい面があります。勝敗以外にも楽しみがあるため、「惜しかったですね。でも、いいチームでしたよね」といった言い方ならいいのです。

僕は地方大会の時点から、高校野球の情報をチェックしています。

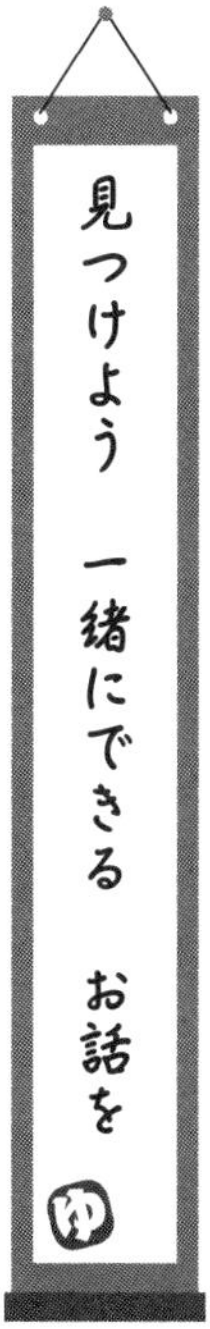

こちらからは「プライベート」を聞かない。話してくださるのを待つ

僕がお客さまと会話するとき、特に気をつけるのが、「プライベート」についての話題です。

聞かれたくないこと、触れてほしくないことは誰にでもあります。

触れても大丈夫かどうかのラインは、人によって異なるものです。ある方にはＯＫの話題が、別の方ではＮＧになることもよくあります。

僕はお客さまと会話が弾むと、ついうっかりとお客さまのプライベートを、必要以上にたずねてしまうクセがあります。

抵抗なく答えてくださるお客さまも多いのですが、嫌がられることもあります。

先日もそのせいで、大きな失敗をしました。休みの日に駅へと歩いていたら、常連のお客さまをお見かけしたのです。

僕「こんばんは」
お客さま「日の出湯のおにいさんか。誰だかわからなかったよ」
僕「今日はお風呂が休みなんで、出かけようと思いまして」
お客さま「そういえば、定休日だっけ」
僕「お客さまは、お仕事帰りですか？」
お客さま「ん、いや……。もう、仕事はしてないんだよ」

僕とお客さまの間に、気まずい空気が流れました。

お客さまは60歳を過ぎていらっしゃるように見えました。年齢からすると、定年退職されていてもおかしくありません。

そのことにお客さまは、後ろめたさを感じていたのかもしれません。ご年配の男性のお客さまは、「人間は仕事をしてこそ一人前」といった価値観を持っている方が、決して少なくありませんから。

いずれにしても、僕の質問がきっかけで、お客さまを傷つけてしまいました。**「職業」を話題にするのは、気をつけなければいけません。**

職業とともに「年齢」も、デリケートな話題のひとつです。

特に女性のお客さまは、年齢の話題を嫌がります。いくつになっても、女性らしい感覚を持ち続けていたいのかもしれません。敬老の日のイベントで、65歳以上は無料になることを伝えても、必ず金を払うお客さまもいらっしゃるくらいです。

その一方で、年齢よりも若く見えるお客さまは、年齢について触れられるのを待っています。

このようなお客さまは、ほとんどの場合、自分から話してこられます。

「私、いくつに見える？」

「実はこれでも、84歳なのよ」

このようにおっしゃられるお客さまには、積極的に年齢の話をしましょう。「お若く見えますね」といった具合に、話を合わせればOKです。

ほかに「家族構成」や「パートナーの有無」も、注意が必要です。

ご年配のお客さまはどうしても、身近に死を感じていらっしゃいます。

ご自身はお元気でも、奥さまや旦那さま、身近な方が亡くなっているケ

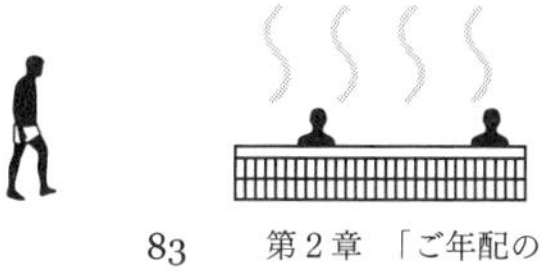

ースもあります。

日の出湯のお客さまの多くは、店のすぐ近くに住んでいます。町内会の掲示板や、ほかのお客さまとの会話で、訃報を知ることもあります。

だからといって、「ご主人はお気の毒でしたね」などと、こちらから話題を振ることは絶対にしません。お客さまが話題にしないということは、まだ話したくないということなのですから。

お客さまから話してくださったときだけ、必要以上に詮索しないように注意しつつ、精いっぱい耳を傾けるようにしています。

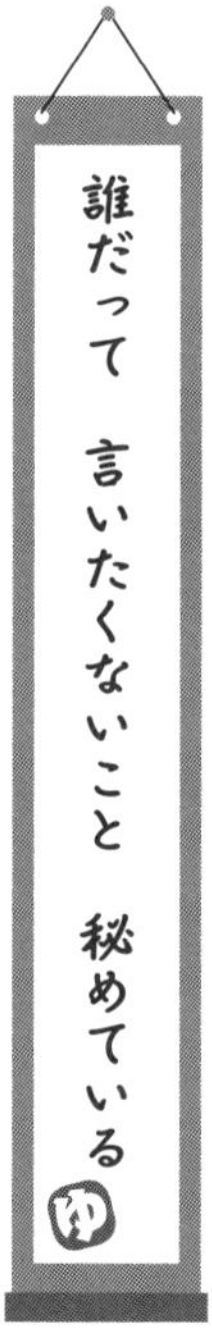

「孫はかわいい」との思い込みは危険。家庭の事情は人それぞれ

おじいちゃん、おばあちゃんは、みんな孫が大好き。
孫の話だったら、誰でも喜んでするはずだ。

僕たちはご年配の方に対して、そのようなイメージを抱きがちです。
あなたも、似たようなことを思ってはいませんか？
もちろん、お孫さんがいらっしゃる方の大半は、愛情を感じているは

ずです。それこそ、目に入れても痛くないほどに。

だからといって、**「お孫さんはかわいいでしょう」「お孫さんと会うのが楽しみですねえ」などと、軽はずみに話題にすると失敗することもあります。**

先日、常連のお客さま同士が、このような会話をしていました。

お客さまA「うちの孫、まだ1歳にもなってないのに、もう歩きはじめたのよ」

お客さまB「そうなの。早いわねえ」

お客さまA「あなたにもお孫さんがいたわよね？　もう幼稚園に入った？」

お客さまB「たぶん、入ったんじゃないかしら」

お客さまA「え？　知らないの？」
お客さまB「実はねえ、息子夫婦が別れちゃったのよ。子どもは奥さんが引き取ったから、孫とも長いこと会ってないのよ」

このお客さまのように、会いたくても会えないケースもあります。悲しい事故や病気などで、会えなくなってしまうこともあるでしょう。ずっと一緒に住んでいるのか、離れて暮らしているのかによっても、お孫さんとの関係は変わってくるように感じます。

お孫さんも成長するうち、一度や二度は家族と衝突します。いわゆる反抗期ですね。かく言う僕も、祖父母と一緒に暮らしていたため、一時期は派手に言い争いをしました。一緒に住んでいるお客さまは、この時期のお孫さんを、腹立たしく思っていらっしゃる可能性もあるのです。

心の底から憎んではいなくても、タイミングによっては、お孫さんに

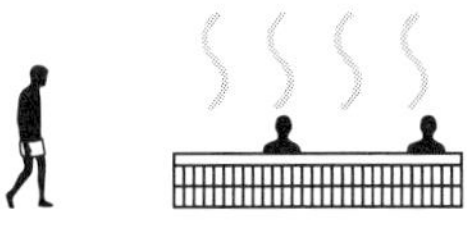

ついて話したくないときもあるわけですね。

気にし始めたらきりがありませんが、手放しでお孫さんのことを話題にするのは、気をつけなければなりません。

お孫さんの話題には、あくまでも受け身でいること。「おじいちゃん、おばあちゃんは、みんな孫が大好き」といった思い込みはやめましょう。

お客さま自身が話題になさったときだけ、積極的に聞けばいいのです。

そのときのお客さまは間違いなく、お孫さんの話がしたいのですから。

第3章

「聞き方」を
変えれば、
もっと信頼される

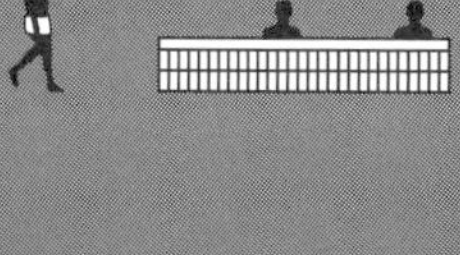

「わざとらしいかな？」と思うくらい、大きく頷く

ご年配の方と接するときは、自分でも「わざとらしいかな？」と感じるくらい、リアクションを大きくすることにしています。

ご年配のお客さまは視力が弱かったり、耳が少し遠かったりして、小さなリアクションだと気づいてもらえない場合もあるからです。

こちらが反応しているつもりだったのに、お客さまに伝わっていなかったというケースはよくあります。

あなただって会話中、相手の反応が感じられなかったら、「自分の話がつまらないのかも」「自分のことが嫌いなのかも」と、少し不安になりませんか？


頷くときは、大きく頷く。

驚くときは、「ええっ」と声を出して、上半身をのけぞらせる。

興味があるときは、「そうなんですか」と身を乗り出す。


ご年配のお客さまとの会話では、このような動きを意識してください。

やりすぎと感じるくらいで、ちょうどいいのです。

同世代と話すときと同じような反応では、ご年配のお客さまには見過ごされてしまいます。

僕がこのようなリアクションをするようになったのは、とある女性のお客さまとのやりとりがきっかけでした。

このお客さまは、たびたび風呂に入りに来てくださって、言葉を交わす機会も何度もありました。ご常連と言ってもいいでしょう。

このお客さまが、店に貼り出しているポスターを見るとき、鼻先がポスターに触れるくらいに顔を近づけていたのです。

それを見た僕は、とても驚きました。

お客さまの視力が弱いことを、それまで知らなかったからです。

そのあとに話をしてわかったのですが、実はメガネがないと視界全体がぼやけてしまうくらい、視力が弱くなってしまったそうです。

メガネをしないでいらっしゃっていたのは、「どうせお風呂に入るときは外すから、かけていくと邪魔になる」という理由でした。

確かにこのお客さまと街で出会って、挨拶をしたものの、怪訝そうな顔をされたことがありました。そのときもメガネをされていなかったので、僕の顔がわからなかったのでしょう。

それどころか、僕が会話中に頷いたり、笑ったりしていたことすら、ちゃんと伝わっていなかったんじゃないのか？

僕はそのことに気づき、自分の軽率さを反省したのです。

この出来事以降、僕はご年配のお客さまに接するときは、オーバーアクションを心がけるようにしました。

挨拶はもちろん、会話中も大きな反応をします。

たまに「いくらなんでも、大げさよ！」と言われることもありますが、そのときのお客さまは、みな楽しそうに笑っています。

大きな動きを心がけると、お客さまを楽しませることもできるのです。

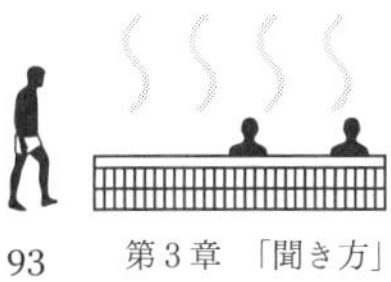

補聴器をつけていらっしゃる方も少なくありません。補聴器をつけていらっしゃらなかったとしても、先ほどのメガネをかけていなかったお客さまのように、家に置いてきている可能性もあります。

年齢を重ねていけば、目や耳の機能も弱っていくものです。

あなたもご年配の方と接していて、期待した反応がなかったり、無視されたように感じて、ショックを受けたことがあるかもしれませんが、その多くは気づいてもらえなかっただけかもしれません。

声のボリュームを上げて、アクションを大きくすれば、また違った反応があるはずです。

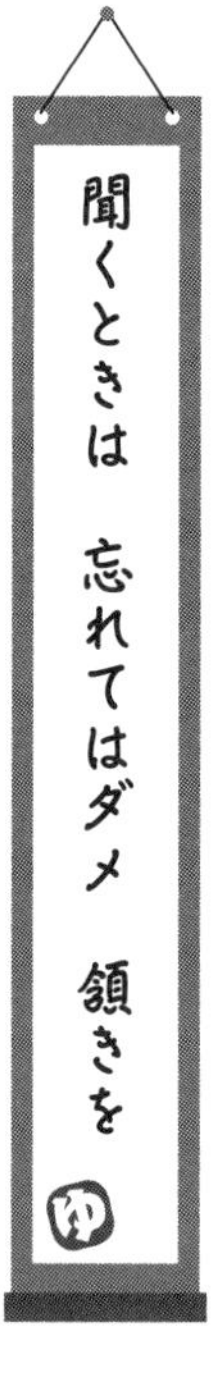

同じ話のくり返しでも、返事を変えて常に新鮮に聞く工夫を

あるとき、常連のお客さまが、僕に話しかけてこられました。

「ねえねえ、知ってる？　酒屋さんの事故の話……」

その話の続きが、僕にはわかりました。酒屋さんが運転中、アクセルとブレーキを踏み間違えて、軽い事故を起こしたのです。

実はまったく同じ話を、このお客さまから、すでに何度か教えていただいていたのです。

ご年配のお客さまとの会話では、このような場面が往々にしてあります。お客さまは新鮮そのものの顔で語ってくださるのですが、こちらは前にも聞いていて、話の展開がすべてわかっている状況ですね。

あなたはこのようなとき、どのように話を進めますか?

僕は番台に座って間もないころ、「その話は前にも聞きましたよ」と、ストレートに伝えてしまったことがあります。

すると、お客さまの表情が一変して、悲しいものになったのです。

「そうだったかしら。何度も同じ話ばかり聞かせてしまって、ごめんなさいね。ちょっと、疲れているのかしらねえ……」

それからしばらくの間、そのお客さまは風呂に入りにいらっしゃっても、僕に話しかけてはくださいませんでした。挨拶するだけの関係になってしまったのです。

「知っています」「聞いたことあります」はタブーです。

だからといって、「事故ですか？　知りませんね」「何があったんですか？」「ぜひ教えてくださいよ！」といった具合に、まったく初耳かのように聞き続けるのも、なんだかおかしな話です。

最後まで知らないふりができる人なら、それでもいいのかもしれませんが、僕にはどうも馴染めません。

そこで**僕は、話の展開が少しだけ変わることを意識して、相づちを打つようにしています。**

先ほどの事故の話なら、このように聞き返してみるのです。

「お客さまも事故を見ていたんですか？」

「事故のあった酒屋さんって、裏通りにある酒屋さんですか？」

前者のように返せば、事故発生時のお客さまの反応が、話題の中心となります。

後者の場合、酒屋さんについての話になります。

このように、返事をちょっと変えるだけで、話の展開は違ってきます。新たな情報も出てきますし、勉強になることもあるでしょう。

お客さまに楽しく話していただくためには、店員が興味を失わないことが大切です。こちらの返答しだいで、話はいかようにも広がるのです。

話は必ず最後まで聞く。それが間違っているときでも

僕は小さいころ、母に同じことで何度も叱られました。

「人の話は最後までちゃんと聞きなさい！」

それだけ、話の聞けない落ち着きのない子どもだったのでしょう。

話の途中で反論しようとしたときも、「何か言いたいことがあるなら、最後まで話を聞いてから言いなさい」と注意されました。

今思えば、そうやって叱られ続けたからこそ、お客さまの話を最後ま

で聞けるようになったのかもしれません。

母は父と結婚してから30年以上、風呂屋の番台に座ってきました。話を最後まで聞くというのは、母が長年の経験で身につけた、お客さまとのコミュニケーション術だったようにも思います。


ご年配のお客さまと話していると、言い間違いに気づくことも少なくありません。

お客さまが勘違いをしていて、間違った情報を話されているときもあります。

僕はそうしたときでも、すぐには指摘しません。**「本当はこう言いたかったんだろうな」「厳密には違うけど、よしとしよう」と思って、話を聞き続けます。**

事細かに間違いを指摘していたら、何度も話をさえぎることになり、お客さまを不快にさせてしまうからです。

人間は自分の発言を否定されたら、それだけで嫌な気持ちになります。発言の内容が正しいかどうかは、実は些細なことなのです。

正しい情報、より詳しい情報を教えようという姿勢は、相手より優位に立とうとする意識につながります。お客さまのプライドを傷つけやすいのです。

特に男性のご年配のお客さまは、「若い男には負けたくない！」といった気持ちが強いようで、衝突のきっかけにもなりかねません。

正解や真実がわかっていても、そこにこだわらないことが肝心です。

お客さまが勘違いしていることによって、お客さま自身に不利益を生じる恐れがあるときでも、指摘の仕方やタイミングには十分に注意して

ください。

糖尿病のお客さまが、「これはいくら飲んでも大丈夫だから」と、スポーツドリンクを飲まれていたとします。

実際には、スポーツドリンクは多くの糖分を含んでおり、糖尿病患者には手放しですすめられない飲み物です。だからといって、「スポーツドリンクなんてダメですよ！」といった上から目線の言い方では、お客さまの反発を買ってしまいます。

そこで僕は、次のような言い方をします。

「この前、テレビで見たんですけど、けっこう砂糖が入っているみたいですよ。お医者さまに一度、聞いてみたほうがよいのではないですか？」

断定口調ではなく疑問系を選ぶことで、お客さまのご機嫌を損ねるこ

となく、言いたいことを伝えられるのです。

絶対に、話を途中でさえぎらない。

間違いはストレートに指摘せず、遠回しな言い方で気づいていただく。

ご年配のお客さまと接するときは、こうした心がけが欠かせません。

正論だからといって、歓迎されるとは限らないのですから。

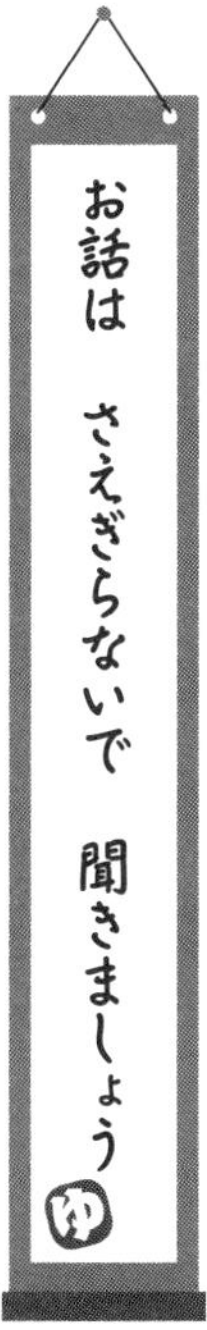

愚痴や悪口には、共感はしても同調はしない

お客さまが愚痴や悪口を言い始めたとき、店員の対応は4つに分かれます。あなたはどの対応が正しいと思いますか？

1．一緒になって愚痴や悪口を言う
2．愚痴や悪口はよくないことだと、お客さまを諫める
3．適当に相づちを打って、聞き流す

4．一緒に愚痴や悪口は言わないけれどお客さまの気持ちに寄り添う

お客さまと話を合わせるため、「1．一緒になって愚痴や悪口を言う」を選ぶ人もいるかもしれません。

しかし、**ネガティブな発言に同調すると、無要なトラブルを招くことがあります。**

たとえば、ご年配の女性のお客さま2人が、番台から見える場所で、このような会話をしていたことがあります。

お客さまA「うちの娘ったら、どうしようもないのよ。旦那が出張に行っている間、里帰りしてくるんだけど、毎日毎日ゴロゴロしているだけで」

お客さまB「里帰りなんてたまにでしょ。別にいいじゃない」

お客さまA「それがさあ、最近は出張が多いみたいで、よく帰ってくるのよね。それなのに、料理も洗濯もしないんだから」
お客さまB「あら。たまにじゃないのね」
お客さまA「こっちは娘が帰ってきたせいで、料理も洗濯も1人分増えて大変なのに、嫌になっちゃうわ」
お客さまB「それはさすがに、たまらないわね」
お客さまA「テレビもほとんど独り占めだし、私が演歌を聴いてると、耳障りだって怒るのよ。おかげで、家で演歌が聴けなくなっちゃった」
お客さまB「ひどいわねえ。さっさと家から、追い出しちゃったら?」

このような調子で、ご年配の2人のお客さまは、娘さんの悪口で盛り上がっていらっしゃいました。
幸か不幸か、僕は話しかけられませんでした。僕から会話に加わることも控えたので、娘さんの悪口には参加しませんでした。

しばらくして、先ほどのAさんが、ひとりでいらっしゃいました。

Aさんは僕に対しても、愚痴をこぼし始めました。ただし、対象は自分の娘さんではなく、愚痴を聞いてもらったBさんだったのです。

お客さまA「Bさんったら、ひどいのよ。会うたびに『娘を家から追い出せ』って言うの。そんなこと言わなくてもいいのにねえ。Bさんと顔を合わせたくないから、最近はここに来る時間もずらしてるのよ」

すっかり悪者にされてしまったBさんに、僕は同情しました。同時に、自分が先日の会話に加わらなかったことに、胸をなで下ろしました。

あそこで悪口に同調していたら、Aさんは僕のことも、ひどい人間と

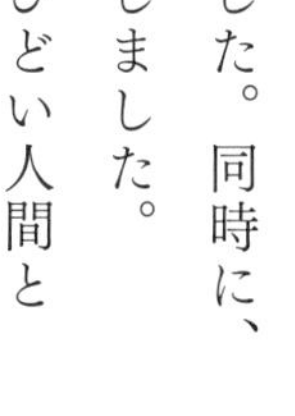

思ったことでしょう。二度といらっしゃらなくなった可能性もあります。

愚痴や悪口というものは、次第にエスカレートしていきます。本心よりはるかに辛らつな言葉を、口にしていることもあるのです。

だからこそ、言葉を額面どおりに受け取って同調することは危険です。お客さまに合わせて悪口を言っていると、別のお客さまに見られてしまい、「店員が常連と一緒になって第三者の悪口を言う嫌な店」と思われかねないでしょう。

その一方で、「2．愚痴や悪口はよくないことだと、お客さまを諌める」「3．適当に相づちを打って、聞き流す」といった対応をしていると、悪口を言っているお客さまご自身の機嫌を損ねてしまいます。

そこで**僕は、お客さまの愚痴や悪口には、「4．一緒に愚痴や悪口は**

言わないけれど、お客さまの気持ちに寄り添う」を心がけています。

僕が先ほどの会話に加わるなら、このような応対をするでしょう。

お客さまＡ「料理も洗濯も１人分増えて大変なのに、嫌になるわ」

僕「料理や洗濯が増えるのは大変ですね」

お客さまＡ「テレビもほとんど独り占めだし、私が演歌を聴いてると、耳障りだって怒るのよ。おかげで、家で演歌が聴けなくなっちゃった」

僕「演歌が聴けないと、つまらないですよね」

これらは「料理や洗濯の負担が増えた」「家で演歌が聴けなくなった」といった、Ａさんがおっしゃったことをくり返しています。

これならネガティブな発言に加わることなく、「日の出湯さんは私の気持ちをわかってくれる」と思っていただけます。

共感したポイントを反復することで、無要な誤解を避けているのです。

ちなみに、このAさんは後日、娘さんとうちの風呂にいらっしゃいました。あれだけ愚痴をこぼしていたのに、娘さんと風呂に入るAさんは、ちょっとうれしそうに見えました。

娘さんより先に風呂から出てくると、「最近、晩ご飯だけは作ってくれるようになったのよ」と教えてくださいました。

僕は大きく頷くと同時に、あらためて安堵しました。

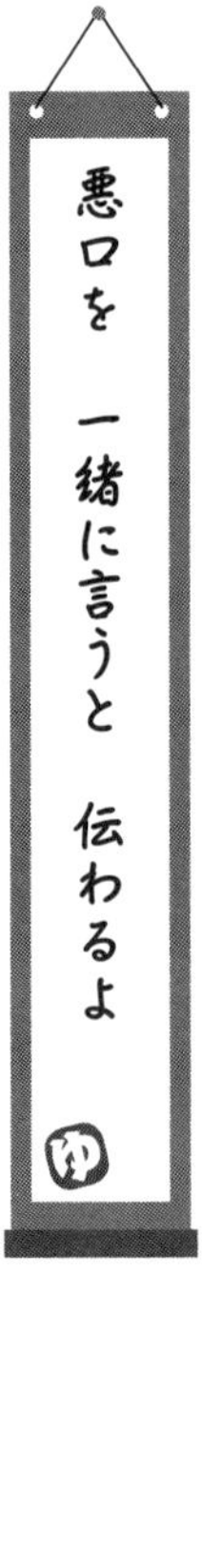

アドバイスを求められるまでは、相談事でも聞き役に

日々番台に座り、お客さまと話をしていると、「悩み事」や「相談事」を打ち明けられることもしばしば。

以前の僕は、お客さまに相談されることがうれしくて、積極的に解決策を提案していました。たとえば、このような感じですね。

お客さま「うちの娘は50歳にもなるのに、旦那と喧嘩するたびに、実

家に帰ってくるんだよ。こんなに大きな荷物を持って」
僕「お婿さんに相談したらどうですか？」
お客さま「今さら、お婿さんに言ってもねえ」
僕「それなら、娘さんが入ってこれないように、家のカギを変えちゃいましょうよ」
お客さま「それくらいじゃ、素直に引き返さないよ」
僕「そうですか。だったら……」

こうした僕なりの解決策が、採用されることはありませんでした。お客さまは「でもね」「だってね」と、すぐに続きをお話になるのです。

しかも、翌日いらっしゃっても、また同じ相談をしてこられます。

当時の僕は、お客さまの本心がわかりませんでした。「そんなに的外れな受け答えをしているのかな？」と、悩んだものです。

しかし、多くのご年配のお客さまの悩み事を聞いているうち、次第に気がついてきました。

実はお客さまは、解決策など求めていなかったのです。

僕が親身になって話を聞けば、それだけでほっとしてくださっていたのです。

ご年配のお客さまは、身近に話し相手がいないこともあります。ご家族とはなれて暮らしていたり、長期入院されていると、会話のない時間が長くなるようです。

そうしたお客さまは、行きつけの店に商品やサービスに加えて、人との触れ合いも求めていらっしゃいます。

お客さまの「誰かに話をしたい、話を聞いてほしい」という思いに応えることだけを、店員は心がければ十分なのです。

このことに気づいてから、アドバイスという名のお節介をやめました。代わりに、聞き役に徹することにしたのです。

たまにこのような相づちを挟んで、お客さまの話を促しました。


「そうなんですか！」

「それは大変ですねえ……」

「それから、どうなったんですか？」


ひたすら聞き役に徹すると、悩み事を話し終えたお客さまは、スッキリとした顔でお帰りになることが多くなりました。

文字どおり、心身ともにリフレッシュすることができたのでしょう。

ごく少数ではありますが、悩み事を話すだけでは満足されず、解決策を強く求めているお客さまもいらっしゃいます。

こうしたケースでは、聞き役に徹するだけでは不十分。お客さまのご希望に応えるため、自分なりの解決策を提案するべきです。

本気で悩んでいるお客さまは、「どうしたらいい？」とご自分から聞いてこられますので、すぐに見分けることができます。

「このお客さまはどうして、悩み事を話してくださっているのか？」

そのような視点を持つことで、ベストの対応ができるはずです。

ミスをしたときは、言い訳をせず、素直に謝る

僕は仕事で失敗すると、ついつい「言い訳」をしたくなります。

次から次へと、うまい言い訳が頭に浮かぶので、生まれつきの言い訳の天才なのではないかと思うほどです。

もちろん、言い訳は頭に浮かべるだけです。

口から出かけたら、のみ込みます。

ご年配のお客さまに接するとき、言い訳は逆効果だからです。素直に

過ちを認めたほうが、望ましい方向へと進んでいきます。

ある冬の寒い日のこと、開店時間の15時になったので、店の前でお待ちいただいていたお客さまを迎え入れました。

しばらくすると男湯から、苛立ち交じりの声が聞こえてきました。

「おにいちゃあん！　風呂がぬるいぞ！」

急いで湯の温度を確かめにいくと、36度ほどしかありませんでした。

冬の寒い日だというのに、ぬるま湯程度の温度だったのです。

お客さまに不手際を詫びると、僕はすぐさま、走ってボイラー室に向かいました。

熱い湯をつぎ足す間、男湯に戻り、再度お詫びします。

「申し訳ありません。ミスをしてしまい、お湯の温度が低いので、少々お待ちいただけないでしょうか」

少しでも早く湯温を上げるため、キッチンの給湯器で熱湯を沸かして、ナベやヤカンで湯船につぎ足しました。

その間も新たなお客さまがいらっしゃるので、番台に出て事情を説明します。

まともな温度になったのは、約20分後でした。

やがて、最初にぬるさを指摘してくださったお客さまが、風呂から出てきました。

僕はあらためてお詫びするとともに、入場時にいただいた入浴料をお返ししようとしました。

お客さまはこれを受け取らず、こう言ってお帰りになったのです。

「確かにミスは悪いことだけど、おにいちゃんは言い訳なんてしないで、

一生懸命やっただろう。ちゃんと謝っただろう。それでいいんだよ」

実を言えば、キッチンで湯を沸かしている間も、ボイラー室で給湯器を操作している間も、頭にさまざまな言い訳が浮かんでいました。

いつもと違う順序で作業をしたからだ……。

作業の最中で電話がかかってきてしまったからだ……。

少し疲れぎみだったからだ……。

それらは決して、的外れではありません。トラブルの原因を究明して、再発を防止するためには、振り返っておくべき事実だと思います。

しかし、どれが原因だったとしても、お客さまには関係がないのです。

お客さまは温かい風呂に入りたくて、オープンと同時にうちの店にや

って来てくださいました。その期待に応えられなかったことが問題なのです。

失敗や間違いをしたのなら、ミスを素直に認めて、謝りましょう。許されないこともあるでしょうが、言い訳をするよりは前向きです。

第4章

ご年配の方に、声をかけるときに気をつけること

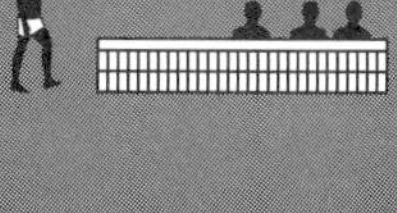

10歳違えば考え方も異なる。ひとくくりにしてはダメ

「ご年配」と聞いて、何歳くらいの人を想像しますか？

65歳以上の人のことを、「シルバー世代」や「シニア世代」と呼ぶことがあります。そのせいか、60代の人でも80代の人でも、お年寄りとひとくくりにして考えられがちです。

実際には、65歳と85歳では、親子ほども年齢が離れています。同じよ

うな接し方をして、同じように喜ばれるはずがないのです。
お客さまの年齢が違っていれば、話題も大きく変わるのですから。

先日、うちの銭湯にいらっしゃった女性のお客さま2人が、若いころに好きだった芸能人の話で盛り上がっていました。
一人は80代前半、もう一人は70代前半と思われました。

お客さまA「若いころの佐田啓二の人気って、とてもすごかったわよねえ。やっぱり、あなたも好きだった？」
お客さまB「佐田啓二？　名前と顔くらいは知ってるけど、あまり覚えてないわねえ……。私のころはほら、石原裕次郎や小林旭が人気だったから」
お客さまA「その2人も人気あったけど、佐田啓二ほどじゃないわ」

お客さまB「ええ！　すごい人気だったじゃない！」
お客さまA「そうだったかしら。私はそのころ、俳優には興味なかったのかもしれないわねえ……」

2人のお客さまのやりとりを聞いていて、**「ほんの少し年齢が違うだけで、まったく違う時代なんだなあ」**と実感したものです。
ちなみに、佐田啓二を好きだったお客さまが80代前半、石原裕次郎と小林旭を好きだったお客さまが70代前半です。
今の20代後半の人と10代後半の人が、「昔のモーニング娘。の人気はすごかった」「今のAKB48のほうがすごい」と話しているようなものでしょうか。

テレビについて話すときも、60代くらいのお客さまだと、「人の家までテレビを見にいった」「親が苦労して買った」といった思い出を語ってくれます。

これが50代くらいのお客さまだと、「うちは応接間にテレビがあったなあ」「家族でチャンネル争いをしたよ」といった答えが多いものです。テレビのあるなしは家庭事情の影響も受けますが、世代による差も大きいものです。

ご年配の方を「シニア」「シルバー」とまとめるのではなく、一人ひとりの時代背景の違いを、意識する必要があるわけです。

「年齢が違うのだから、話が合わなくて当たり前」との割り切りも

お客さまと話していて、「なんとなく聞いたことあるな」「名前くらいは知っているな」という話題になることがあります。そのようなとき、僕はついつい、「知っています」と言いたくなります。

知ったかぶりや見栄だけで、このように答えるとは限りません。お客さまに話を合わせようとして、相づち代わりに使う場面もあるでしょう。

しかし、**中途半端な知識しか持っていないのに、「知っています」と**

答えてしまうと、お客さまを不快にさせてしまうケースもあるのです。

たとえば、僕と常連のお客さまとの間で次のような会話がありました。

お客さま「おにいちゃんはよく本を読んでるけど、どんな本を読んでるんだい？」

僕「仕事関係の本か、小説が多いですね」

お客さま「本を読むのはいいことだぞ。今の小説とかもいいけど、たまには昔からある古典なんかも読んだらいい」

僕「どのような古典がおすすめですか？」

お客さま「そうだなあ……、『平家物語』は読んだことあるかい？」

僕は、『平家物語』を読んでいませんでしたが、国語の授業で習っていたため、出だしぐらいは知っていました。

お客さまと話を合わせるつもりで、次のように答えたのです。

僕「祇園精舎の鐘の声、諸行無常の響きあり、ですよね」

お客さまは驚かれると同時に、とても喜ばれました。

それからとてもうれしそうに、『平家物語』について話し始めたのです。ちゃんと理解していなければ、とてもついていけない内容でした。ちんぷんかんぷんの僕は、だんだん気まずくなりました。お客さまが一息ついたところで、おずおずと白状したのです。

僕「……すいません、実は学生のころ、古文の教科書で読んだくらいなので、出だしくらいしか知らないんです」

お客さまは「若いのに知っているから、珍しいとは思ったけど」と、笑って許してくださいましたが、どこか寂しそうでもありました。いい加減な返答をした僕は、申し訳ない気持ちでいっぱいでした。

それからしばらくして、別のお客さまと話しているとき、再び『平家物語』が話題となりました。
前回の反省を踏まえて、今度は素直に言いました。

僕「出だしくらいしか知らないので、どんな話か教えてください！」

お客さまはとてもうれしそうに、『平家物語』について話してくださいました。後日、書店で『平家物語』を買って読んだときも、お客さまから予備知識を得ていたおかげで、すんなりと頭に入ってきたものです。

このお客さまとの会話では、２０１２年の大河ドラマ『平清盛』の話にもなりました。
平清盛といえば、『平家物語』の重要人物の一人です。
お客さま「あの大河ドラマはなかなかよかったぞ。『平家物語』について知りたければ、若い人には本よりもいいかもなぁ」
僕「へえ、そんなによかったんですか」
お客さま「ああ。もう一度見たいくらいだ。だけど、ビデオで録画しなかったから、見られないんだよなあ」
僕「それなら、レンタルショップでＤＶＤを借りたらいかがですか？　4話くらい入ったＤＶＤが、１００円くらいで借りられますから」
お客さま「そんな安く借りられるのか！　じゃあ今度借りてみるよ」

お客さまは、レンタルショップやDVDにそこまでの情報は持っていらっしゃいませんでした。それだけに、僕が教えた情報が役に立ったようです。

僕たちには当たり前のことでも、年配の方には当たり前でないことがたくさんあります。逆に、ご年配の方はよく知っていらっしゃることで、僕たちがほとんど知らないことも多いのです。

そうした情報を交換できたら、お互いにとって喜ばしいことです。そのための第一歩は、年下の僕たちが知ったかぶりをやめることです。

ご年配のお客さまと話すとき、不必要な「知っています」は控えましょう。

ほめられたら、謙遜するよりも、素直に喜ぶ

僕が日の出湯の番台に座り始めた当初、お客さまと距離を感じていました。「銭湯には珍しい、若いおにいちゃんが来たな」と、品定めされているような雰囲気です。

毎日番台に座り続けているうちに、少しずつではありますが、お客さまとコミュニケーションがとれるようになりました。

それにつれて客足も伸び始め、当初は1日80人程度だった来客数も、多いときは１４０人ほどになったのです。

そんなある日、女性のお客さまが帰り際、僕の接客態度をほめてくださいました。

当時の僕は、銭湯経営を学ぶことに手いっぱい。自分の仕事ぶりに自信が持てず、お客さまにほめられているにもかかわらず、過剰に謙遜してしまいました。

お客さま「あなた、とても感じがいいって、私たちの間で評判よ」

僕「いえいえ、そんなことないですよ」

お客さま「ううん、お風呂でもみんな、ほめてたわよ」

僕「お風呂で？　本当ですか？」

お客さま「なによ、私がウソを言っているとでも？」

僕「いえ、決してそういうわけでは……」

お客さま「人にほめられたんだから、素直に喜んでおけばいいのよ。そんな態度をしていたら、次からはほめてもらえないわよ」

このお客さまのおっしゃるとおりです。**誰かにほめられたら、素直に喜べばいいのです。**

謙遜は美徳のようにも言われますが、実は、ほめてくださったお客さまの気持ちを台無しにすることにもなりかねないのです。

この一件以降、僕はお客さまにほめられたら、素直に喜ぶことにしました。あわせて、ほめられたことへの感謝も口にするようにしました。

「ありがとうございます！　うれしいです！」

このような反応をすると、お客さまは満足そうな顔をされます。「ほめたかいがあった」といった気持ちになられるのでしょう。

お客さまにほめられる機会が増えてくると、僕の受け答えのバリエーションも、少しずつ増えていきました。

ほめられたことがきっかけで、冗談を言い合えたこともあります。

お客さま「おにいさん、感じがいいわね」
僕「ありがとうございます！　でも、ほめられても何も出ませんよ」
お客さま「何も出ないの？　ほめて損しちゃった」
僕「お湯でよければ、いくらでも出せるんですけどね」
お客さま「じゃあ、今度から水筒に詰めて帰らないとね！」

人さまからの賞賛を手放しで受け取ることに、抵抗がある人もいるでしょう。正直なところ、僕は今でも、謙遜したくなるときもあります。

そんなときは、最初の一言だけ謙遜します。

二言目からはほめられた喜びと、感謝の気持ちを伝えるのです。

たとえば、このような言い方ですね。

「いいえ、そんなことはありません。でも、そう言っていただけると、すごくうれしいです！　ありがとうございます！」

このような言葉が自然と出てくるようになると、お客さまもあなたも気持ちよく、コミュニケーションがとれるでしょう。

おじいちゃん、おばあちゃん扱いは絶対しない

日の出湯の常連のお客さまのなかに、温和で微笑みを絶やさない、ある70代の女性がいます。

日常のささやかな出来事にも、喜びを見つけられる素敵な方です。

「今日はね、あそこのスーパーで豆乳が安かったのよ」

「宝くじ買っちゃったのよ。当たるかしら？　うふふ」

常にこのようなハートフルなことを言われるので、話していて幸せを

分けていただいているような気持ちになります。あるときなど、「ナスを買いすぎたからあげるわ」と、いきなりナスを分けてくださいました。

そんな朗らかなお客さまが、たった一度だけ、不機嫌な表情になったことがあります。

その日、お客さまは風呂上がりの休憩所で、別のお客さまと並んで椅子に座っていました。

もう一人のお客さまは、20代前半の若い方。この若いお客さまが、祖父母と年齢が変わらないだろうその常連のお客さまに、次のように話しかけたのです。

「おばあちゃんのおうちは、この近くなの？」

それは保育園の保母さんや保父さんが、子どもに話しかけるときのような口調でした。

年下の人間にこのような言い回しをされて、いい気分になるはずがありません。いつもは穏やかなそのお客さまも、このときばかりはムッとしたお顔になりました。番台でこれを見ていた僕が、「まずい！」と身を乗り出したくらいです。

幸いにもすぐに、「この近くよ。いつも自転車で来てるの」と笑顔を取り戻してくださったおかげで、それ以上のことにはなりませんでしたが、休憩所の雰囲気が変わったことは確かでした。

若い女性のお客さまも、悪気はなかったのだと思います。

風呂で出会った年上のお客さまとコミュニケーションをとりたい、仲よくなって世間話を楽しみたい、そんな気持ちだったのでしょう。

実際、**自分の祖父母くらいの年齢の人と話すとき、こうした口調になる人は少なくありません。**

若い看護師さんや介護士さんが、ご年配の方に対して、赤ちゃん言葉で話しかけている場面を見かけることもあります。

しかし、赤ちゃんに話しかけるような接し方は、バカにしているようにも受け取れます。

あなただって後輩から、「一人でちゃんとできますかあ？」「時間に遅れたりしませんかあ？」などと言われたら、不快に感じると思います。

年上の方と接するときは、話し方に気をつけなくてはいけません。もっと言えば、おじいちゃん扱い、おばあちゃん扱いをしないことです。

多くの経験をしてきた人生の大先輩。そのように敬って接するほうが、気持ちよくコミュニケーションがとれるはずです。

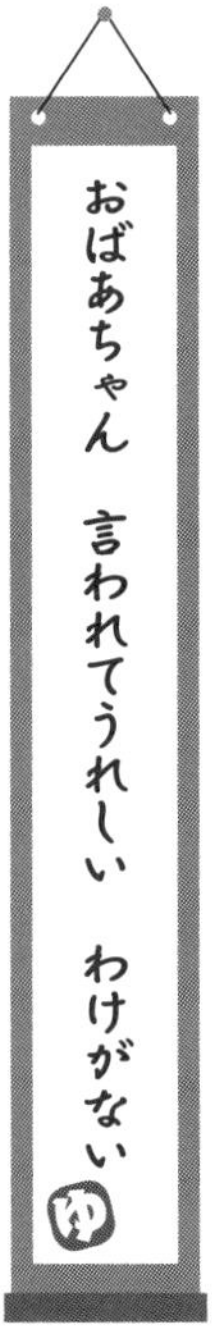
おばあちゃん　言われてうれしい　わけがない
ゆ

親切の押し売りはNG。手伝う前に一言、声をかける

僕が番台に座る日の出湯は、ビルの1階部分と2階部分を銭湯として使っています。

日によって男湯と女湯を入れ替えるため、「1階が男湯、2階が女湯」の日もあれば、「1階が女湯、2階が男湯」の日もあります。

ご年配のお客さまには、2階までの階段が不評です。筋力が衰えると、上り下りが億劫になるのでしょう。「今日は2階の日かあ。1階のほう

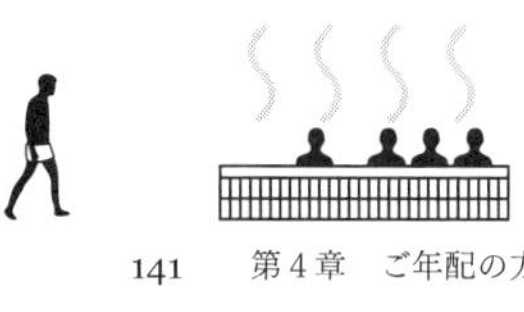

がいいなあ」などとおっしゃられることもしばしばです。

店の人間としては申し訳ない気持ちになりますが、かといってこのような場面で**積極的に手助けすることが、歓迎されるとは限りません。**

僕が番台に座っていたとき、歩行器を押したご年配の女性がいらっしゃいました。

その日は男湯が1階、女湯が2階でした。

女性のお客さまは着替えや洗面道具など、男性より荷物が多くなる傾向があります。その分、階段にとまどう方が少なくありません。

「荷物を持って階段を上るのは、大変だろうなあ……」

そのように思った僕は、「いらっしゃいませ！　お荷物を2階まで運びますよ！」と言って、手助けのために立ち上がろうとしました。

ところが、歩行器を押したお客さまに、即座に制止されたのです。

「自分でできるから、いいわよ！」

お客さまは、少し怒っているようでした。そして、慣れた手つきで歩行器を操作して、自力で階段を上がっていかれました。

僕の手助けなど、必要なかったのです。

ここまで明確な拒絶は珍しいものの、手助けをやんわりと断られた経験なら、それ以前にも何度かありました。

考えてみれば、ご年配のお客さまの多くは、次のようなことをおっしゃっています。

「いつまでも元気でいるには、自分のことは自分でやらないと」

加齢によって筋力が衰えていることは、ご本人がいちばんよくわかっているはず。だからこそ、「自分のことは自分で」と心がけているのでしょう。

そうした気持ちを顧みず、一方的に荷物を持とうとしたら、拒絶されるのも当たり前。小さな親切、大きなお世話だったのですね。

とはいえ、荷物を運ぼうとすることで、喜んでくださるお客さまがいるのも確か。たびたび、感謝の言葉もいただきます。

積極的に手を貸すのと、お客さまに任せるのと、どちらがいいのか？それを見極める第一歩は、しっかりとお客さまを見守ること。そこから、お客さまの気持ちを察することです。

お客さまが平然と荷物を運んでいるのに、奪い取るように荷物を運ぼうとするのは、親切の押し売りでしかありません。

一方、重そうに荷物を持っていたり、階段が上りづらそうだったら、手助けしたほうが喜ばれます。

ただし、重そうに見えたときでも、ひと声かけることを忘れてはいけません。

「お手伝いしましょうか？」
「お荷物お持ちしましょうか？」

相手の思いを無視して、「なんでもやってあげる」という姿勢は、お客さまのことを真摯に考えていないのだと思います。

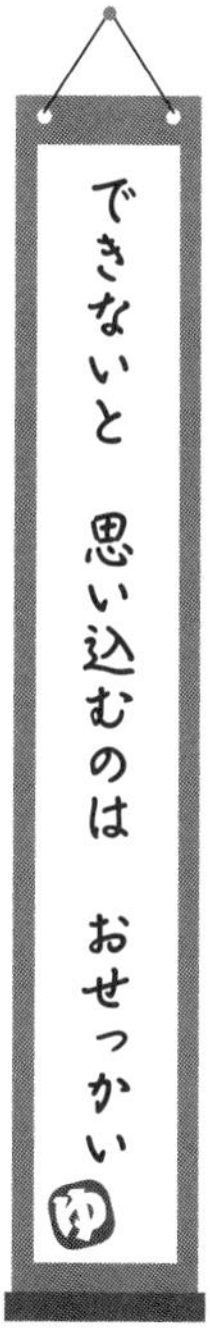

ゆ

なかにはプライドが高い人も。「知っていますか？」はタブー

どんなときでも、お客さまを不快にさせない配慮をする……。僕が接客をするうえで、常に大切にしている心がけです。

その一方で、お客さまと親しくなってくると、いきすぎた冗談を言ってしまったりして、お怒りに触れることもありました。

親しくなればなるほど、お客さまとの距離感には注意が必要です。

失敗をくり返すうち、会話中にお客さまを不快にさせないために気をつけるべき自分なりの心がけが、5つ見つかりました。
この章のまとめも兼ねて、それらをお話ししていきます。

〈会話中にお客さまを不快にさせない5つの心がけ〉

1. 話を途中でさえぎらない
2. どんな話も興味を持って聞く
3. ミスをいちいち指摘しない
4. 知っている話でも自信満々に「知っていますよ」とは言わない
5. 「知っていますか？」「ご存じですか？」と切り出さない

会話中に気をつけるべきことは、ほかにもあると思いますが、この5つを気にするだけでも、それなりの配慮ができるのです。

ご年配の方に限らず、親しくなった人とのコミュニケーション全般で使えるヒントですので、ぜひとも日常生活に取り入れてみてください。

1．話を途中でさえぎらない

話をさえぎるという行為は、「自分の話を否定された」「自分の話はつまらない」と、相手に思われてしまう行為です。

途中で話をさえぎられて、気分がいい人はいません。どんな内容であっても、話は必ず最後まで聞くようにしましょう。

当たり前といえば当たり前の心がけですが、実践できていない人は少なくありません。

2．どんな話も興味を持って聞く

人間の趣味は多種多様。お客さまの興味のある分野が、あなたの興味のある分野と重なるとは限りません。むしろ、違っているほうが多いでしょう。

そのようなときでも、話題への興味を失ってはいけません。

興味を持って話を聞こうとすれば、おのずと感情がのってきます。楽しい話は楽しい表情で、悲しい話は悲しい表情で耳を傾けるのです。

そんなあなたを見ていると、相手の舌もなめらかになっていくでしょう。だからこそ、興味を持って聞くことが大切なのです。

「だけど、興味の持てない話に、どうやって興味を持つの？」

そのように思われるかもしれませんが、答えは実にシンプル。話の内容ではなく、お客さま自身に興味を向ければいいのですから。

お客さまはなぜ、そういう考えをお持ちになったのか？

お客さまはなぜ、その話が好きなのか？

そうやってお客さまにフォーカスを合わせると、おのずと興味が湧いできます。話を聞くことで、新たな発見もできるのです。

3.ミスをいちいち指摘しない

会話中、お客さまの思い違いや、記憶違いに気づく場面もあります。それをすぐに「違いますよ!」「そうじゃないですよ!」と言ってしまうと、お客さまを傷つけるばかりか、時には怒らせてしまいます。その後も話題に出る事柄なら、間違いを正さないといけません。しかし、本題と関係のないことなら、指摘しないという選択肢もあります。正さなくても問題のない間違いは、あえて触れないほうがいいですね。このあたりのことは、99ページ〜でもお伝えしました。

4.知っている話でも、自信満々に「知っていますよ」とは言わない

126ページ〜で、『平家物語』を知っているふりをしたせいで、心

苦しい思いをしたエピソードをお話ししました。

時には知っているふりではなく、本当に知っている話題になることもあります。あなたのほうが、お客さまより詳しい話題もあるでしょう。

そんなときでも、自信満々に「知っています！」といった態度はとらないことです。そのような態度をとれば、お客さまは気持ちよく話せません。

5.「知っていますか？」「ご存じですか？」と切り出さない

相手が知らないと思っている話題を、次のように切り出す人がいます。
「知っていますか？」
「ご存じですか？」
興味を惹きつけようとして、このような言葉を使うのでしょうが、これらの言葉は挑戦的にも聞こえます。特に年上のお客さまに使うと、逆鱗に触れる恐れもあるわけです。僕もかつて、お客さまを惹きつけようと、そうした切り出し方をしていました。

その結果、お客さまを不快にさせたことがあります。対抗意識を燃やしたお客さまに、「これは知っているか？」「あれは知っているか？」と追及されて、口ごもった苦い思い出もあります。

今では、相手が知らないような話題でも、「知っていますか？」「ご存じですか？」で切り出すことはありません。

変な前置きをせず、知っていることを話せばいいのです。

たったこれだけの工夫で、新情報を手に入れたと、お客さまに喜ばれるのです。

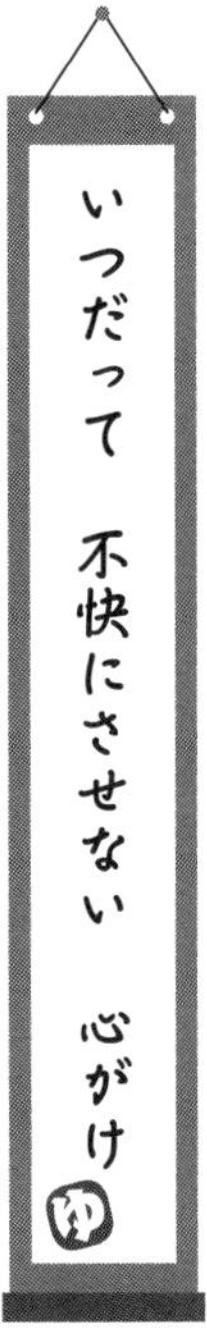

第5章

お客さまの様子を見ながら、ふさわしい接し方を

話すときは少し腰をかがめて、目の高さを合わせる

「上から目線」という言葉は、いい意味では使われません。他人を見下すニュアンスを含みますから、接客業では避けるべきだとされます。にもかかわらず、僕たちは無意識のうちに、お客さまと「上からの目線」で接してしまうことがあります。それも、物理的な意味合いで……。

僕の身長は177センチありますが、相手が男性のお客さまだと、そ

こまで身長差を感じません。僕のほうが高くても、会話中に気にならない範囲です。

それが女性のお客さまとなると、事情は大きく異なります。僕はほとんどの女性のお客さまより、頭1つ分は背が高くなるからです。

相手がご年配のお客さまとなると、なおさら身長差を感じます。

とある女性のお客さまが、日の出湯にいらっしゃったときのことです。

僕はていねいに応対しようと、番台で立ち上がりました。

すると、お客さまはわずかに後ずさりされました。

しばらくしてから、苦笑いを浮かべつつ、このようにおっしゃったのです。

「おにいさん、思ったより背が高いのねえ……。いきなり目の前で立ち上がったもんだから、ビックリしちゃったわ」

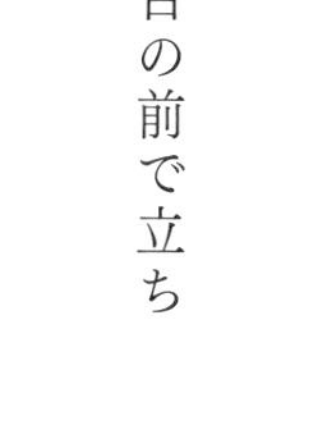

あるときは、お帰りになるお客さまを見送ろうとして、驚かせてしまったこともあります。

お客さまは、僕の気配を察して振り向き、そこで派手に驚いたのです。

「なんだ、おにいちゃんかい……。ちょっとビックリしちゃって、ごめんね。振り返ったら、いきなり背の高い人がいるもんだからさ」

思い返してみると、自分の祖母と待ち合わせをしたときも、声をかけた瞬間に驚かれたことが何度かあります。

自分の孫なのに、なんで毎回驚いているんだろう……。

当時は不思議に思ったのですが、番台に座るようになってわかりました。**背の高い人はそれだけで、相手に威圧感を与えるのです。**

特に男性店員が女性客と接するとき、威圧感は相当なものとなります。

「常に姿勢をよくして、礼儀正しく応対しよう！」

かつての僕は、そのような気持ちから、背筋を伸ばして接客していました。背筋を伸ばした接客が、正しいことだと疑わなかったのです。

しかし、それが結果として威圧感を与えていたことに気づくと、考えを改めました。

特に銭湯は「癒やしの場」です。お客さまは毎日の疲れを流しにいらっしゃいます。そのような場所でストレスを与えるなど、あってはならないことです。

今では、お客さまを見送るとき、しっかりと頭を下げて挨拶します。

小柄なお客さまから金を受け取るときは、一歩足を前に出して、膝と腰を少しずつ曲げます。

いずれも、お客さまと目の高さを合わせるための工夫です。

こうした工夫を始めてから、お客さまに驚かれることはなくなりました。威圧感を感じさせるようなこともなく、リラックスしていただいていると思います。

ただし、この姿勢のまま会話が始まってしまうと、普段の姿勢に戻るタイミングを失って、膝と腰が痛くなってしまいます。

立ち話が始まる前には、普段の姿勢に戻ることをおすすめします。

お客さまの体調の変化を見逃さない

ご年配の方と接していると、「天気」や「気温の変化」といった小さな要因が、体調を左右していることを実感します。

「昨日は晴れていたからよかったけど、今日は天気が悪いから、膝が痛むわね」

「急に冷え込んできたから、腰が痛くなっちゃったよ。今日はいつもより、お風呂で温まっていかなくちゃなあ」

このような言葉を、日常的に耳にするのです。

特に気温の変化が激しい時期は、体調のすぐれないお客さまが多いようです。


とある70代の方は、かつて膝を痛めたことがあるらしく、足を引きずるようにして日の出湯にいらっしゃっていました。

実はこのお客さまには、少々気難しいところがありました。

「今日のお湯はぬるい！　もっと熱くして！」

「シャワーをもっと強くできないの！」

このような具合で、店にいらっしゃるたび、何らかのクレームを口にされのでした。

どのように接すれば納得してもらえるのかと、僕も妻も頭を悩ましていました。

そんなある日、このお客さまが風呂上がりに、軽快に階段を下りてきました。

僕は驚いて、たずねました。

「どうしたんですか？　今日は足音が軽やかじゃないですか」

すると、お客さまは笑顔で答えてくださいました。

「あら、わかる？　今日はいつもより、膝の調子がいいのよ」

その日を境にお客さまは、「今日の足音はどう？」と、僕にたずねてくださるようになったのです。

苦言の回数も、しだいに減っていきました。

日によっては、「大きいお風呂は気持ちいいわね、ありがとうね」「今日もいいお湯だったわよ、おやすみなさい」と、感謝の言葉までいただけるようになったのです。

お客さまの足取りが軽かったり、顔色や表情が明るいと、そのことがコミュニケーションのきっかけになります。

体の調子がいいことは、お客さまにとって喜ばしいこと。それを店員が気づいてくれたら、もっとうれしくなるはずです。

「元気になってよかった！」

「足の調子が戻ってよかった！」

そうした店員側の感情をお客さまに伝えることも、コミュニケーションです。その積み重ねが、良好な関係につながるのだと思っています。

恐縮していたら、「大丈夫ですよ」と声をかける

番台に座っていると、毎日、小さな「事件」が頻繁に起こります。

10円玉と１００円玉を間違えて、販売機に金を詰まらせてしまった。

お客さまが誤って、店の備品を壊してしまった……。

些細な出来事ですが、気にされるお客さまは少なくありません。こち

らが恐縮してしまうほど、深々と謝られることもしばしばです。

このような場面で、うまく気まずさを取り除いてあげないと、お客さまが店に来づらくなってしまいます。

日の出湯は上野動物園が近いこともあり、パンダの置物がいくつかあります。支払いカウンターにも置物があるのですが、入浴代金を支払うお客さまの手に当たり、落ちてしまったことがありました。

「大丈夫ですよ」「気にしないでください」と言うだけでは、お客さまは気にされてしまいます。そこで僕は、こう伝えるようにしています。

「うちのパンダたちは元気よすぎて、困っちゃうんですよね。ときどき、テーブルから飛び出していくんですよ」

冗談交じりに言うと、ほとんどのお客さまは笑ってくださいます。

たまにキョトンとしているお客さまもいらっしゃいますが、店側が気にしていないことは伝わりますから、気まずさは軽減されるでしょう。

初めていらっしゃったお客さまが、下駄箱のカギをなくされたこともありました。店の外には出ていませんから、必ずどこかにあるはずです。それなのに、いくら探しても見当たらないのです。

お客さまを裸足で帰すわけにはいきませんから、僕はドライバーで下駄箱のカギをこじ開けて、中から靴をお出ししました。

僕「こちらの靴ですよね。どうぞ」
お客さま「本当にごめんなさいね。私がカギをなくしたせいで……」
僕「いえいえ。そのうち出てくるかもしれませんから」
お客さま「カギ代はいくら？　弁償させてもらうわ」
僕「いいんですよ。カギが見つかったら、持ってきてもらえれば」

お客さま「でも……」

僕「下駄箱のことなんて気にしないで、またお風呂に入りにいらしてください。うちとしては、そのほうがありがたいんですから」

お客さまは後日、見つかったカギを持ってきてくださいました。それからは、週に2～3回のペースでいらっしゃる常連さんになりました。下駄箱の修理代を受け取っていたら、このお客さまとの関係は、そこで終わっていたかもしれません。

この店はなんとなく安心感がある。また行きたい……。商売をしていくうえで大切なのは、そのように思っていただけることです。

お客さまの忘れ物のチェックは「違和感」をヒントに

銭湯という場所柄、お客さまの「忘れ物」は日常茶飯事。

たとえば、風呂でゆっくりと温まったせいで、上着を置いて帰ってしまう。足の調子がよくなって、杖を忘れてしまう。

いずれも笑い話のようですが、実際によくある話です。このような**忘れ物を防ぐためには、こちらが気を配るしかありません。**

そのために大切なのは、「違和感」だと思います。

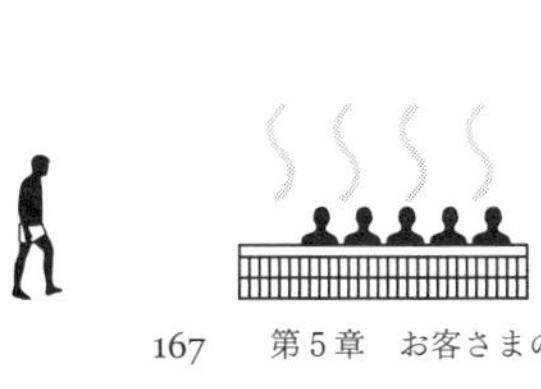

日の出湯の常連のお客さまに、視力の弱い女性がいらっしゃいます。ある日、このお客さまの帰られる姿を見て、アレッと何か気になるところがありました。何だろう、と考えているところに、お客さまが慌てて戻ってこられました。

「ごめんなさい！　メガネを忘れちゃった！」

違和感の正体は、メガネをかけていらっしゃらないことだったのです。

別のお客さまのときも、同じように僕が頭をひねっていたら、「上着を忘れちゃったよ！」と取りに戻ってこられました。

こうした**違和感の積み重ねで、お客さまが忘れやすいものがわかってくると、事前に忘れ物に気づきやすくなります。**

お客さまが傘を忘れていると気づいたら、「傘をお忘れじゃありませんか？」と声をかければいいのです。

違和感の正体がはっきりとわからないときは、このような質問で注意を促します。

「お気をつけてお帰りください。お忘れ物は大丈夫ですか？」

必ず忘れ物があるとは限りませんが、こちらからたずねることで、忘れ物を未然に防げたケースは多々あります。

まれに、違和感と無縁の忘れ物もあります。ある秋の夜。お帰りになった女性のお客さまが、すぐに慌てて戻ってこられました。

「おにいさん、どうしよう！　自転車が盗まれちゃったわ！」

僕はすぐさま店を出て、一緒に自転車を探しました。

いくら探しても見つかりません。お客さまは困り果てています。

警察に届け出たほうがいいのだろうか……。

そんな相談をし始めたころ、自転車を探していたそのお客さまが、思い出したようにおっしゃったのです。

「そういえば今日、歩いてきたんだったわ！」

初めから自転車に乗っていらっしゃらないのですから、違和感を覚えるはずもありません。


まったく逆のケースで、自転車を忘れて歩いて帰ってしまったお客さまもいらっしゃいます。日の出湯の前に自転車が1台、閉店後も置かれていたのです。

このときは、常連のお客さまが「きのう、自転車で来たの忘れて、歩いて帰っちゃったわ」と、苦笑いを浮かべて取りにいらっしゃいました。

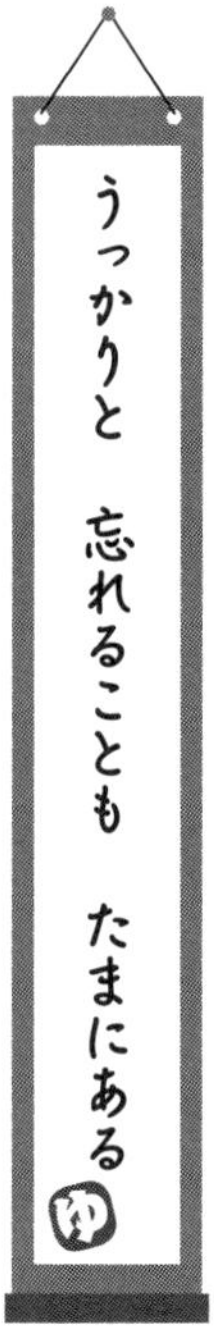

自動ドアを通るときは、ドアを開けた状態でキープ

最近の店の入り口は、大半が自動ドアです。センサー式もあれば、触れると扉が開くタッチ式もあります。

ご年配の方にとって、この自動ドアが曲者なのです。

数人がまとめて出入りされると、自動ドアは開いたままになります。

このようなとき、最後の人が通る前に、ドアが閉じようとする場面が

あるのです。

特にご年配の方は、動作がゆったりしていることもあってか、取り残されるケースが多いように感じます。

取り残されるだけならまだしも、ドアに挟まってしまうことも少なくないのです。

幸いにも日の出湯では、そうした事故はありません。よそでドアに挟まった人を見て以来、気をつけるようにしているからです。

僕がドアに挟まった人を見たのは、妻と弁当屋さんに出かけたときでした。

妻が弁当を買っている間、少しはなれたところで待っていると、弁当を買い終えたご一家が出てきました。

ご家族の最後尾を歩いていたのは、杖をついたご年配の男性。

この男性が通り過ぎる前に、自動ドアが閉じ始めました。男性の腰が曲がっていて、前屈みになっていたこともあり、頭が挟まれてしまったのです！

妻が気づいてすぐに自動ドアを開けたため、大事には至りませんでしたが、危険な状況だったことは確かです。

この出来事がきっかけで、**ご年配のお客さまが自動ドアを通り過ぎるときは、最後まで目を向けているようにしました。**

時には手動式のドアであっても、ご年配のお客さまには注意が必要です。若い人が「少し重いなあ」と感じるようなドアは、ご年配のお客さまだと、なかなか開けられないことが多いのです。

そこまで重いドアでなくても、杖や歩行器を使っているお客さまは、開けるのに苦労するとおっしゃっていました。

僕たちには当たり前のこと、危険だと思えない場所も、ご年配の方の立場に立って考えると、違った見方ができるはずです。そこから、お客さまへの「思いやり」も生まれると思います。

これも買い物中に目にした出来事ですが、あるコンビニで店員さんが出入り口まで出てきて、ドアを押さえて開けっぱなしにしました。いったい、どうしたのだろう……。僕が不思議に思って見ていると、すぐにご年配の女性が、歩行器を押して入ってきました。足の不自由な女性が入りやすいようにと、店員さんが気を利かせて、ドアを開けっ放しにしたのでした。

ひょっとしたら店員さんは、この女性がうまいことドアを開けられず、困っている姿を以前に見たことがあったのかもしれません。

女性は「いつもありがとうねえ」と言って、笑顔を浮かべていました。

店員さんの気配りに、僕は感心しました。

ところが、この出来事は、そこで終わりではなかったのです。

「なんでドアを開けっ放しにするんだ！」

突然、耳をつんざくような怒声が聞こえてきました。

声を張り上げたのは、店長らしき男性です。

ドアを押さえていた店員さんが、「お客さまが挟まってしまうと危ないので……」と説明しても、まったく聞く耳を持ちません。

歩行器を押した女性は、落ち込みぎみの店員さんに、「私のせいで怒られちゃって、ごめんね」と謝っていました。

ご年配の女性は、店員さんのちょっとした気配りがうれしくて、この店の常連になっているのではないかと思いました。素敵なスタッフの存

在が、「この人に会いにお店に行きたい！」と思わせてくれるわけです。

一方で、この店員さんがお店を辞めたら、お店に来なくなる可能性もあるかもしれない、と感じました。

本当に愛される店になるには、ひとりの努力では不十分。店全体が気配りを共有していなければ、お客さまを引き留められないのです。

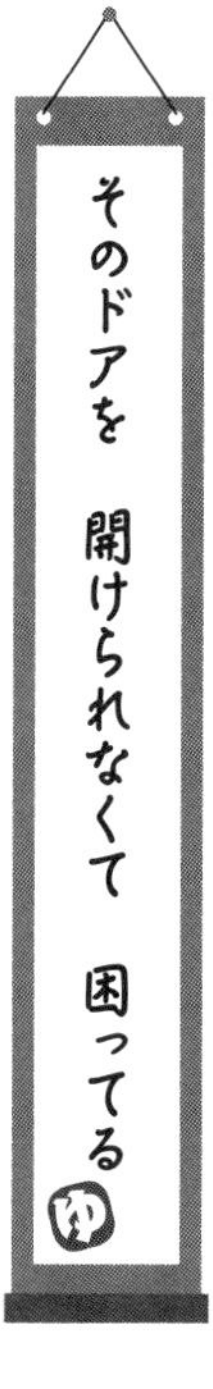

さりげなく名前をたずねて、以後は名前でお呼びする

毎日のようにいらっしゃって、顔見知りになったご年配の女性のお客さま。それだけ顔を合わせているのに、僕は名前を知りませんでした。そのことが申し訳ない半面、どうやって聞けばいいのかわかりませんでした。

そんなある日、お客さまは会話中、このような話をされました。

「私の名前はつや子っていうんだけど、隣の家の人が『つる子さん』

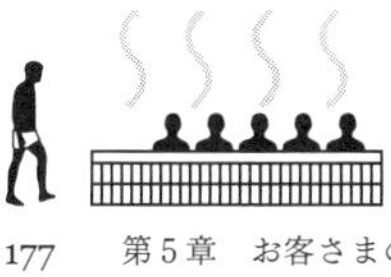

って言って、からかうんだよ」

僕はまったくの偶然から、名前を知ることができたのです。

数日後、そのお客さまが、再びいらっしゃいました。

僕は会話の中で、「つや子さん」と呼びかけました。

お客さまは驚きましたが、先日の会話中に名前をうかがって、それを覚えていたことを告げると、**「こんな若い人に名前を呼んでもらえるなんて、うれしいねえ」**と喜んでくださいました。

この出来事をきっかけに、僕は積極的に、お客さまの名前を覚えようとしました。

あなたも何度か出かけたお店で、自分の名前を呼ばれて接客されたら、ちょっとうれしくなりませんか？

ある人の名前を呼ぶということは、お客さまという枠を超えて、ひとりの人間として認識することです。その人と向き合っている証拠です。

特に独り住まいのご年配のお客さまは、名前を呼ばれる機会が限られるせいか、喜んでくださるように感じます。

店員である僕たちも、お客さまの名前を知ることで、親しみが増します。接客態度も、自然と変わってくるはずです。

とはいえ、お客さまがご自分から名乗ってくださるケースは、数えるほどしかありません。ほとんどの場合は、僕から名前をたずねます。

ここで気をつけたいのは、先に自分が名乗ることです。

それも、初対面でいきなり自己紹介をするのはNG。ある程度顔なじみになってから、このように切り出すのです。

「そういえば、お名前をうかがっていませんでした。僕は田村祐一とい

います。お名前は何とおっしゃるのですか？」

ほとんどのお客さまは、これで名前を教えてくださいます。たまに教えていただけないこともありますが、その場合は仕方ありません。何らかの事情があるのかもしれません。

名前を知ることに固執して、お客さまにしつこくしたら、良質なコミュニケーションがとれなくなります。本末転倒です。

店の業務内容によっては、会員カードや顧客情報などから、あらかじめお客さまの名前がわかる場合もあるでしょう。

そうしたときでも、いきなり名前で呼ぶのは避けるべきだと思います。知らぬ間に名前が知られているというのは、気持ちのいいものではありませんからね。

相手が女性のお客さまだったら、名字ではなく下の名前でお呼びする

と、さらに喜ばれることがあります。

先ほどのつや子さんも、「この年になると、下の名前で呼ばれることなんて、滅多にないからねえ」と言っていました。

確かにご年配の女性は家族からも、「おばあちゃん」「お母さん」「おまえ」など、名前以外で呼ばれている場面が多い気がします。「佐藤さん」などと名前で呼ばれることもあるでしょうが、女性は結婚前と結婚後で、名字が変わるケースがほとんどです。生まれたときとは別の名字で呼ばれることへの違和感は、年をとっても完全には消えないようです。

だからこそ、下の名前でお呼びすると、喜んでいただけるわけです。

もちろん、すべての女性のお客さまが、下の名前で呼ばれることを喜ばれるとは限りません。お客さまの表情を見て、嫌そうだったらすぐにやめましょう。

また、ご夫婦でいらっしゃったときは、普段は下の名前でお呼びしているお客さままでも、名字でお呼びするようにしています。年下の男である私が、奥さんを下の名前で呼ぶのを見て、ご主人は気持ちのいいものではないでしょうから。

ちなみに、男性のご年配のお客さまは、常に名字でお呼びするのが無難です。

生まれつきその名字で暮らしていますし、年下の者に下の名前で呼ばれることに、抵抗のある方も多いようです。

第6章

相手の立場になって考えて、さらに愛される

ベタベタではなく、ギリギリのスキンシップを心がける

コミュニケーションにおいて、「スキンシップ」は重要です。

特に家族や友人との関係では、スキンシップの機会が多いほど、親密度が増していくようにも感じます。

それでは、接客業におけるスキンシップも、多ければ多いほどいいのでしょうか？

日の出湯では当初、釣り銭の受け渡しをトレイ経由で行っていました。僕が釣り銭をトレイにのせて、それをお客さまが受け取る流れです。

この受け渡し方をしていると、ご年配のお客さまが時折、釣り銭をうまくつかめないことがありました。ご年配のお客さまは指先の動きがおぼつかない方もいらっしゃいますし、皮膚が乾燥ぎみで滑りやすいこともあるようです。僕自身、トレイ経由での金銭の受け渡しに、素っ気なさも感じていました。

そこで、ほかの店の受け渡しを研究してみました。自分が買い物に出かけるときなど、レジでのやりとりを観察したのです。

大手チェーン系小売店では、当時の日の出湯と同じように、釣り銭をトレイの上に置いて渡していました。客の立場になってみると、この受け渡しはやはり、無機質な印象がしました。金をトレイから取り上げて、財布に戻す手間も気になりました。

近所の個人商店では、釣り銭を僕の手のひらに、片手で置きました。手のひらに置いてくれることは好印象でも、片手だけだったことに引っかかりました。どこか投げやりな対応に思えたのです。


とある100円ショップでは、店員さんが僕の手のひらに、両手を使って釣り銭を渡してくれました。片方の手で渡し終えたあとに、もう片方の手を添えて僕の手を軽く包む感じです。

ていねいな対応ではあるものの、どこか引っかかる部分がありました。接客業のスキンシップとしては、過剰な感じがしたのです。

僕が過剰と感じたくらいですから、ご年配のお客さまだと、なおさら拒否反応を起こすような気がしました。

このように釣り銭の渡し方には、いくつかのパターンがありました。

スキンシップが少なすぎても、多すぎても、印象はよくないのです。

そこで日の出湯では、片方の手で釣り銭を手渡し、もう片方の手はお釣りがこぼれたときのために、お客さまの手の下に添えるようにしました。釣り銭を渡す手も、こぼれないように添える手も、ギリギリのところでお客さまに触れません。この距離感が大切だと思います。

家族や友人との接し方と、まったく同じと考えてはいけません。いくら親しくなったとしても、お客さまはお客さまなのですから。

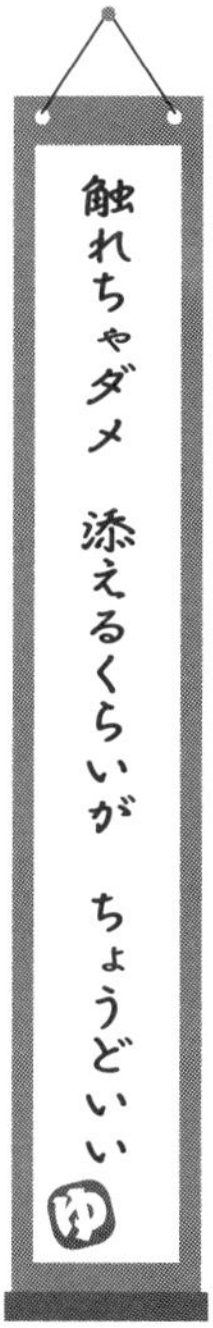
触れちゃダメ
添えるくらいが
ちょうどいい
ゆ

ご年配の女性のお客さまに「アメ」が喜ばれる理由

あなたは普段の生活で、「口の中がかわいた」と感じることはありますか？

僕たちがかわきを感じる場面は、季節にもよりますが、意外と多くないかもしれません。激しい運動をした直後や、真夏の暑い日くらいでしょう。あとは冬場の乾燥した季節に、唇が乾いたと感じるくらいだと思います。これがご年配の方、特にご年配の女性となると、まったく事情が異なります。

とある銭湯が「雨の日にアメを配る」というイベントをやっていることを聞いて、早速、日の出湯でも取り入れてみました。

番台にアメを入れたカゴを用意して、「自由にお取りください」と張り紙をしておいたところ、お客さま方に大好評でした。

ただし、**アメを受け取るお客さまは、大半がご年配の女性でした。**男性のお客さまとは、明らかな差があったのです。

なんだか不思議な気がしましたが、当初は「男性のお客さまは、甘いものが好きじゃないのかなあ」と思うだけでした。

ほどなく、僕は祖母と出かける機会がありました。

2人で道を歩いていると、祖母が「アメ、持ってないかい？」とたずねてきたのです。
僕は日の出湯を継ぐ直前まで、実家で祖母たちと暮らしていました。当時も2人で出かけると、決まってアメを求められたものです。祖母と出かけるときは、アメを必ず用意するようになりました。

僕「おばあちゃん、アメが大好きなの？」
祖母「大好きってほどじゃないよ。そこそこだよ」
僕「だったらどうして、出かけると必ず、アメをなめるのさ」
祖母「だって、この年になって外に出かけると、口がかわいて仕方ないからね」
僕「へえ。知らなかった」
祖母「アメをなめると、口の中が湿って楽になるからね」

祖母が外出時にアメを求めたのも、女性のお客さまにアメが好評だったのも、高齢の女性ならではの悩みが理由だったのですね。

後日調べてみたところ、ドライマウスで悩んでいる女性は、男性の3倍近いとも言われています。

かわくと細菌が繁殖しやすくなり、風邪などになりやすくなります。ご年配の方が風邪をひくと、肺炎などにつながる恐れもあります。アメを用意することが、病気の予防になるのなら、これほど素晴らしいことはありません。お客さまには、いつまでも元気でいていただきたいですからね。

そういえば、番台でアメを配るようになってから、面白いことが起きました。

最初は僕がアメを渡す側だったのですが、しばらくするとお客さまが

僕に、アメをくださるようになったのです。

そのうち「あのアメがおいしい」「こっちのアメもなかなか」といった具合に、日の出湯でアメの情報交換がされるようになったのです。

さしずめ「アメニケーション」とでもいったところでしょうか。

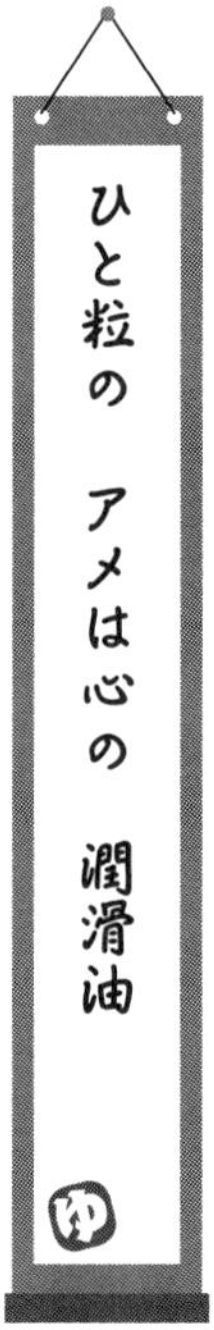

元気をおすそ分け!? 声をかけられたら、すぐに小走りで近寄る

お客さまが風呂に入ってから、「石けんがなかった」「シャンプーを家に置いてきた」などと、忘れ物に気がつかれることがあります。すでに裸になっていますから、いくらご近所でも取りに帰れません。

このようなときに常連のお客さまは、「番台のおにいちゃん！　石けん1個、持ってきてくれ！」などと、浴場から大声でお呼びになります。

それに対して、僕も大声で返します。

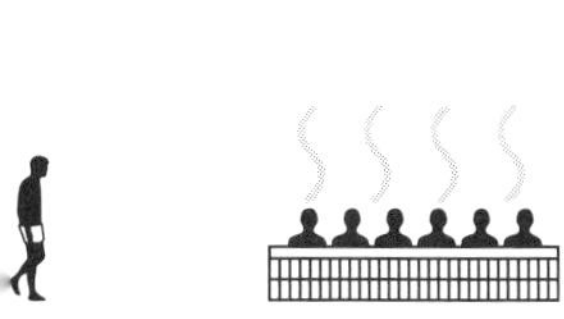

「はあい！　今、行きます！　少々お待ちください！」

少し距離があるときは、腹から声を出すぐらいでないとご年配のお客さまの耳には届きません。聴力が弱くなっていることもあるからです。聞こえていると思っていたのに、ずっと呼ばれ続けたこともあります。

石けんを浴場に持っていくときは、なるべく急ぎます。

床が濡れている場所もありますから、全力疾走というわけにはいきませんが、小走りくらいにはなっているはずです。長時間お待たせして、お客さまの体が冷えてしまうのを防ぐための速足です。それに、**店員がきびきびと動いていると、お客さまが喜んでくださいます。**

ある天気のいい日、エアコンを入れずに自動ドアを開放して、外の風を取り込んでいたことがあります。

普段は自動ドアの開閉音が、お客さまの来店を教えてくれるのですが、その日はそれが聞こえませんでした。僕が商品の在庫確認をしている間に、一人のお客さまがいらっしゃったのですが、気づかずに作業を続けてしまいました。

お客さまが下駄箱に履きものを入れる音で、僕はようやく、気がつきました。

ご来店に気づけなかった焦りと、お客さまをお待たせしてはいけないという思いから、反射的に駆け寄っていきました。

「いらっしゃいませ！」

そうした僕の反応を、お客さまは好意的に受け取ってくださいました。

笑って許していただいたうえ、「あなたはいつも一生懸命で、ていねいに対応してくれるから、うれしいわ」と、おほめの言葉までいただきました。

評価を高めることだけを意識して、素早く動く必要はありません。そのような考え方をしていると、かえって煙たがられる気がします。

それよりも、お客さまをサポートするために、機敏な動きを心がけましょう。

ご年配のお客さまは筋力が衰え、体が動きにくくなっています。そのぶん、店員が素早く行動して、フォローすればいいのです。

自分の元気をおすそ分けするくらいの気持ちで十分なのだと思います。

できることなら、深刻な話も最終的には楽しい話に

お客さまと話していると、たまに暗い話題になることがあります。

ご年配のお客さまは、病気や死を身近に感じていらっしゃいますから、「あの人が入院した」「亡くなった」といった話も耳にします。

そのような**暗い話題になったときも、しっかりと耳を傾けることです。**

それこそお客さまの話に共感して、自分の身に起きたことのように聞きましょう。適当に聞き流すことは禁物です。

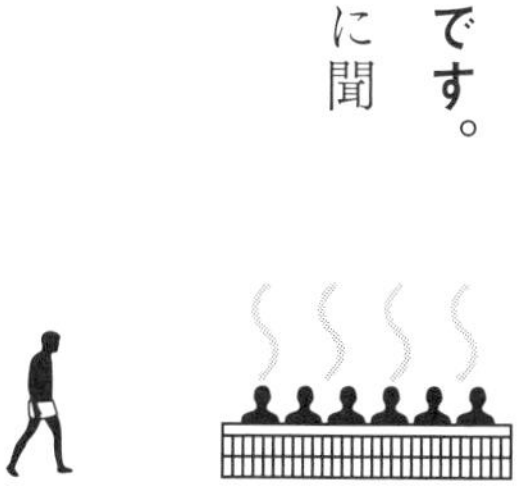

そして、できることなら話の最後を、ちょっとだけ明るい方向にもっていってください。

先日、しばらくお見えにならなかったお客さまが、久しぶりにいらっしゃいました。

体調を崩されたと聞いてはいたものの、詳しい様子は知りませんでした。お客さまの帰り際、僕は世間話がてらたずねてみました。

僕「もうお体はよくなられたのですか？」

お客さま「少しましになったくらいかな……。実はね、がんが見つかったのよ」

僕「えっ！　そうだったんですか？」

お客さま「手術できない位置にあったから、薬で治療してたんだけど、副作用がちょっと出てきてね。それでしばらく、自宅でおとなしくしていたの」
僕「それは……。大変でしたね。本当に」
お客さま「私がよくなってきたら、今度は90歳の母がちょっとねえ。今年は悪いことが続くのよ。夏には兄も病気で倒れたし」
　このように、お客さまの話は、とても深刻なものでした。
　僕はひたすら耳を傾けていました。そして、お客さまがひと息ついたところで、このように言ってみたのです。
僕「だけど、お客さまはこうしてお風呂に来られるくらい、元気になられたんですね。本当によかった……」

お客さまは少し間を空おいてから、「そうね」と頷かれました。
久しぶりに日の出湯にいらっしゃって、ほかの常連のお客さまと会話をされたことで、少し気分転換になったのでしょうか。最後は笑顔で帰っていかれました。

お客さまが暗い顔のまま帰られると、店そのものに対してもマイナスイメージが残ります。

僕はかつて、妻とレストランに出かけたとき、つまらないことで言い争いをしました。店に不手際があったわけではなく、完全に僕たち夫婦の問題です。
すぐに妻とは仲直りしましたが、このレストランには行かなくなりました。「よくないことがあった店」といったイメージが残ったからです。

一方、**笑顔で帰られたお客さまは、店に好印象を持ち続けます。楽しい経験をした店だから、また足を運ぼうと思うわけです。**

話の内容によっては、楽しくすることが難しいかもしれません。

そのような場合、無理することはないと思います。

寄り添って愚痴や悩み事を聞くだけでも、お客さまの気持ちは楽になるようです。

元気づけるようなことが言えなくても、苦しみや哀しみを分かち合おうとすれば、笑顔を取り戻してくださることもあるのです。

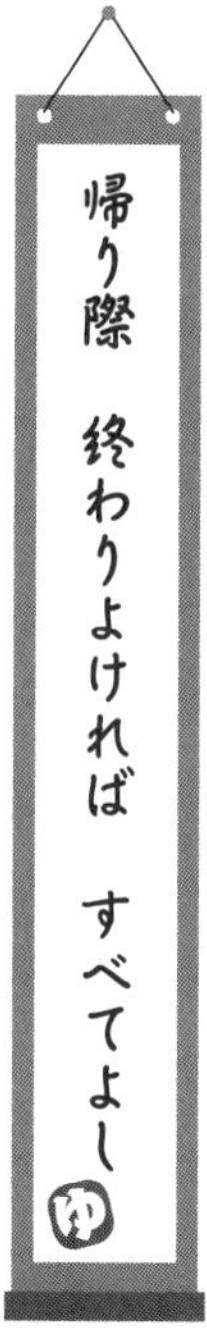

「お客さまの素敵なところ」をいつも探せるように

番台に座ってお客さまと接していると、さまざまなお客さまと出会います。とてもやさしい方もいらっしゃれば、対応に気をつけなければいけない方もいらっしゃいます。

特に注意が必要なのは、事あるごとに店や店員に、苦言を呈するお客さま。こうしたお客さまと会うと、僕はこう思ってしまいます。

「また怒られるのか。嫌だなあ……」

おそらくはあなたも、苦手な人と接するとき、同じような気持ちになるでしょう。

このときの「嫌だなあ……」という気持ちが曲者なのです。

負の感情を抱いていると、無意識に表情や態度に表れます。自分では隠しているつもりでも、微妙に言動が変わってくるのです。

それをお客さまが察したら、気分がいいはずがありません。店員が抱いている負の感情が、お客さまの負の感情を刺激するわけですね。

お客さまの態度はさらにとげとげしくなり、苦言も厳しいものになるでしょう。必然的に、あなたの苦手意識は強まります。

負の連鎖を断ち切るためには、意識して相手のプラスの面を見つけることです。

苦言を口にするということは、欠点を指摘してくださっているということでもあります。面倒事を避ける風潮があるこの時代、わざわざ欠点を伝えてくださるお客さまは、ありがたい存在です。

このように意識を変えてみると、苦言を呈するお客さまがいらっしゃっても、「嫌だなあ……」といった気持ちに支配されません。

僕は実際、いただいた苦言を教訓として、できる範囲で改善をしてきた結果、お客さまに喜ばれるようになったと思っています。

負の感情が起きていないときでも、「お客さまの素敵なところ」を見つけようとすると、お客さまとの触れ合いが楽しくなります。

素敵なところが見つかったら、それを伝えることがポイントです。

とあるご年配の女性のお客さまは、いつも鮮やかな出で立ちでした。

お客さまを玄関までお見送りしたところ、お履きになっている靴が目に入りました。これまた、素晴らしい色合いです。

「とても素敵な靴ですね。こんなに鮮やかな色は、見たことがありません。どこで売っているのですか？」

そのようにおたずねしたところ、お客さまはとても喜ばれました。そして靴を専門で染める店があり、そこで染めてもらっていることを教えてくださったのです。

お客さまに喜んでいただいたことで、より深くコミュニケーションができたうえに、知らなかった情報まで教えていただいたわけです。

お客さまの素敵なところを見つけると、自然と会話が盛り上がります。

「あなたに会いたい！」とお客さまに思っていただくために

日の出湯のすぐ近くには、日本有数の有名な銭湯があります。ほんの数駅電車に乗ると、スーパー銭湯もあります。

こうした大きな店は泡風呂、高濃度炭酸泉、温泉、薬湯、ドライサウナなど、日の出湯にはない設備をたくさん備えています。

もっと言えば、今はほとんどの家庭に、立派なバスルームがあります。体を洗って温まるだけだったら、自宅ですぐにできるのです。

こうした状況にもかかわらず、どうして常連のお客さまは、日の出湯まで足を運んでくださるのでしょうか？

僕は何人かのお客さまに、理由をたずねてみたことがあります。

返ってきた答えは、さまざまなものでした。

たまたま家の給湯器が壊れていた方もいれば、「ひとり住まいだから、お風呂にお湯を張るのが面倒だし、もったいない」と答えた方もいらっしゃいました。しかし、ほとんどのお客さまは、このような言葉をつけ足してくださったのです。

「おにいさんに会いに来るのも、理由のひとつね」

この言葉は、接客をしている者として、最高にうれしいものでした。

ご年配のお客さまは、商品・サービスの質や値段だけで、店選びをし

ていないように感じます。「誰から買うか？」「誰に会いに行くか？」といったことを、より重視されているようです。

店そのものに好感を持っていたり、気に入った店員さんがいれば、値段と無関係にその店を選んでくださるのです。

逆に言えば、提供している商品・サービスが良質で、そのわりに安価だったとしても、店や店員が嫌なら遠ざかります。

銭湯の入浴料は決められており、店側に変える自由がありません。僕が店を継いだとき、日の出湯は大幅な改装をしたばかりで、新たな設備投資もできませんでした。

値下げで勝負することも、設備で勝負することもできない。そのような状況で、お客さまへの接し方だけが、他店と違いを出せる唯一の手段だったのです。幸いにも、僕を受け入れてくださったお客さまのおかげで、赤字経営を脱することができました。

僕は、僕に会うためにいらしてくださるお客さまを、少しずつでも増やしたいのです。そのために日々、笑顔での接客を心がけています。

あなただってそうなのです。店の重要なセールスポイントです。

「あなたに会いたい！」

「あなたから買いたい！」

お客さまにそのように思っていただけたら、大変うれしいだけでなく、他店には絶対にない強みとなります。

あなたという人間は、たったひとりしかいないのですから。お客さまは、ひとたびファンになったら、とても長く応援してくださるはずです。

おわりに

この本では、僕が日の出湯の番台に座り、ご年配のお客さまと接するなかで「学んだこと」と「失敗したこと」について書きました。

僕が一番伝えたかったことは、ご年配の方一人ひとりに、思いやりをもって接してほしいということです。

今日いらっしゃったお客さまは、来店時よりも気持ちよく帰れたのだろうか？

ほんのちょっとでも、幸せになれたのだろうか？

そんなことを、ずっと考え続けてきました。考えて振り返り、少しずつ修正して、さらに行動に移していきました。その結果、ほんの少しずつではありますが、お客さまに喜ばれる場面が増えていきました。

あなたも、考えること、行動することさえやめなければ、お客さまへの接し方がわかってくると思います。

そのとき、ここに書いてあることが、どんな些細なことでも参考になれば、とてもうれしく思います。

ところで、あなたは銭湯に行ったことがありますか？

今、銭湯は日本中から、どんどんなくなっています。1週間に1軒のペースで廃業していると言っても、過言ではありません。

理由は施設の老朽化や後継者不足など、いろいろとあります。あなたの家のご近所からも、なくなってしまっているかもしれません。

その一方で、日本の伝統文化、地域のコミュニティである場をなんとかして残していきたいと、経営努力をしている銭湯も増えてきています。銭湯は自宅に風呂のない人が行くところとのイメージもありますが、今では大半の家に風呂があります。家に風呂があっても「行きたい！」と思われるように、がんばっている銭湯もたくさんあります。

僕も銭湯業界が少しでも盛り上がればと、銭湯の未来を創るＷｅｂマガジン「SAVE THE 銭湯！」を主宰しています（http://savethe1010.com/）。

銭湯はご年配のお客さまが、非常に多くいらっしゃいます。

ご年配の方とのコミュニケーションで悩んでいるのであれば、一度訪れてみてはどうでしょうか？

大きな風呂でリラックスしつつ、周囲のお客さまと触れ合えば、「どんな会話をしているのか？」「どんなことで困っているのか？」「ご年配の方は何のお話をしているのか？」といったヒントがつかめるかもしれません。

この本を読んでくださった方が、お近くの銭湯に足を運んでいただければとてもうれしく思います。

最後に、この本を書くうえで助けていただいたみなさまに感謝を。

たくさんの方のおかげで、この本はできあがりました。この本を書くチャンスをくださった村尾隆介さん、糸井浩さん、本当にありがとうございました！

日の出湯にいつも通ってくださるお客さま。普段ミスばかりの僕を温かく見守ってくれて、ありがとうございます！

日の出湯を残すと決断してくれた祖母と両親にも、感謝の言葉を述べたいです。

もしも日の出湯がなかったら、僕はこの本を書くことができなかったでしょう。

そして日々の生活から、仕事のことすべてをサポートしてくれている妻にも感謝を。妻のサポートがなければ、間違いなく書ききることはできませんでした。

本の内容を考えるときも、2人で元浅草に来てからの2年間のことを思い出しながら書きました。この本は2人で書いたようなものです。

いつも本当にありがとう！　これからもよろしくお願いします。
そして、本書を読んでくださった皆さまへ。
最後までおつき合いいただき、ありがとうございました！

2014年初冬

日の出湯の番台にて

田村 祐一（たむら・ゆういち）

1980年12月生まれ。東京都大田区蒲田にある「大田黒湯 温泉第二日の出湯」の4代目、銭湯の跡取りとして生まれ育つ。大学卒業後、家業である有限会社日の出湯に就職。26歳の時に取締役に就任。2010年8月、世界に銭湯ファンをつくる活動「銭湯部」を創部。SNSで話題を呼び、NHK首都圏ネットワーク、お元気ですか日本列島、朝日新聞、共同通信社などの取材を受ける。2012年5月より創業の地である浅草「日の出湯」のマネジャーとして銭湯経営に携わる。赤字経営が続いていた日の出湯だったが、「お客さまに心地よくなってもらう」という一心で番台をつとめることで、常連客を着実に増やしている。

日の出湯
東京都台東区元浅草2－10－5
http://hinodeyu.com/

銭湯の番台が心がけている
常連さんが増える会話のコツ

2015年1月31日　第1刷発行

著者　田村祐一
発行者　長坂嘉昭
発行所　株式会社プレジデント社
〒102－8641
東京都千代田区平河町2－16－1
http://www.president.co.jp/
電話：編集（03）3237－3732
販売（03）3237－3731

装幀・装画　仲光寛城（ナカミツデザイン）
編集　糸井 浩、岡本秀一
制作　関 結香
印刷・製本　中央精版印刷株式会社

ISBN 978-4-8334-2115-7
Printed in Japan